# 50歳から
# やってはいけない
# お金のこと

PHP
Business Shinsho

Hideki Oe
大江　英樹

JN110376

PHPビジネス新書

# はじめに

『論語』には〝四十にして惑《まど》わず〟とありますが、今の時代は50代になっても惑いっぱなしと言っていいかもしれません。仕事、お金、老後の生活等々、考えなければならないことはたくさんあります。

ただ、多くのサラリーマンにとっては、定年までまだ時間があるということもあり、その惑いもそれほど切実なものではなく、ぼんやりとしたものであることが多いような気がします。

自分自身を振り返ってみても、50代というのは漠然とした不安はあったものの、実際にはチコちゃんに叱られそうなぐらい「ボーッと生きていた」と言わざるを得ません。

でも実を言うと、現代においては**50代というのは人生における最も重要な時期**なのです。

理由は2つあります。

一つは、寿命が延びて、50歳になって以降もあと30～40年ぐらいの時間があることです。かつ、定年後に働くにせよ働かないにせよ、現役時代とは全く異なる自由な時間を持つことができます。この何十年かの時間を幸せに過ごすためには50代で準備をしておくことが欠かせません。

そしてもう一つは選択肢が増えたということです。具体的に言えば、何歳まで働くか、生涯独身かパートナーを得るか、もしパートナーを得たら、ともに働くかどうか。そして年金の受け取り方や資産運用の方法も、今の時代はかつてないほど選択肢が増えてきており、50代から考えておくべきことも多いのです。

もちろん考えるべきことはお金のことだけではありませんが、本書では特に誰もが不安に思っている「老後に向けたお金」について、50代から考えておくべきことを5つの章に分けてお話ししようと思っています。

60歳で定年退職し、現在71歳になる私から言わせると、「お金に関する老後不安」というのはメディアが煽《あお》った幻想に過ぎません。不安の最大の原因は「わからないこと」にあります。したがって、**〝わからないことをわかるようにする〟**、**すなわち考えるべきことを**

**考え、準備すべきことを準備しておけば、普通のサラリーマンであれば過剰にお金のことを心配する必要はありません。**

お金を心配することよりも、もっと楽しいことを考えた方が、人生の後半は素敵になります。本書を読み、老後不安を解消するためのシンプルなことをぜひ実践していただければと思います。

50歳からやってはいけないお金のこと　目次

第2章

# 出世のために頑張っても意味はない

第3章

# 「節約」をしてはいけない

第4章

# 年金を損得で考えてはいけない

# 第5章 「お金に働いてもらう」のはそれほど簡単ではない

# 第1章

# 煽り報道に振り回されてはいけない

# 1-1 「老後2000万円問題」のウソ

今から3年ほど前のこと、世の中をある妖怪が徘徊《はいかい》していました。世の中の多くの人はこの妖怪に脅《おびや》かされ、不安におののいていたものです。

この妖怪の存在はマスメディアや金融機関にとってはとても都合のいいもので、彼らは、本当はありもしない幻の妖怪があたかも人々に襲いかかるかのように喧伝《けんでん》することで、大いに商売をしました。私の知人には金融機関勤務の人がたくさんいますが、実際、彼らは、「大きい声では言えないけど、あのおかげで口座を開く人が増え、お金もいっぱい入ってくるようになって、言わば特需景気みたいなものだった」と言います。

もうおわかりでしょう。その妖怪の名は「老後2000万円問題」と言います。

私はこれが話題になった2019年6月頃から「『老後2000万円問題』などというものは存在しない。単なる幻に過ぎない」ということを雑誌やテレビなどで言い続けてきましたが、最近ようやく、多くの人がこれに同調してくれるようになりました。

あの「老後2000万円問題」というのは一体何だったのか？

本書では50歳からのお金に関する基本観についてお話ししようと思っていますので、現在でも多くの方が漠然《ばくぜん》と信じているかもしれないこの問題を紐解《ひもと》くところから始めたいと思います。

## 妖怪の正体は？

そもそも「老後2000万円問題」というのは何が発端《ほったん》だったのかというと、2019年6月3日に金融庁からリリースされた報告書でした。この報告書の名称は「金融審議会市場ワーキング・グループ報告書『高齢社会における資産形成・管理』」というもので、その目的は、今後、高齢化が進む我が国における金融サービスのあり方について、その利用者である個人及び金融サービスを提供する業者などの意識を高め、具体的な行動につなげていくことにありました。そのために有識者が集まって議論し、まとめられたものが、この報告書だったのです。

この報告書の内容は極めてまっとうな問題を真剣に議論した結果が記されたものでし

た。ところがこの51ページに及ぶ報告書の21ページに、次のような記述がありました。以下、原文をそのまま載せます。

「前述のとおり、夫65歳以上、妻60歳以上の夫婦のみの無職の世帯では毎月の不足額の平均は約5万円であり、まだ20～30年の人生があるとすれば、不足額の総額は単純計算で1300万円～2000万円になる」

文章に書いてある数字だけを見れば、計算は間違っていません。ところが、その前提や背景自体にそもそも大きな勘違いがあるのです。そしてなぜか「老後は毎月5万円足りない」→「だから老後は2000万円不足する」というニュアンスだけが一人歩きしてしまったのです。

どのような経緯で火が点《つ》いてしまったのかは今となっては不明ですが、某大新聞で取り上げられ、ツイッターで拡散して炎上してしまった結果、国会でも取り上げられる騒ぎになってしまい、多くの人が不安と失望に陥《おちい》ったのはみなさんもご記憶にあると思います。

でも私に言わせると、これは全くの的外れな議論です。どこがおかしいのか、まず2点挙げたいと思います。

## 2000万円足りないのではなく、2500万円も余裕がある

先の文章にあるように報告書では高齢夫婦無職世帯の毎月の収支は約5万円足りないと書かれています。

では、ここで次ページの図1を見てください。この図は先の報告書の10ページに記載されているものです。

これを見ていただくと、毎月の収入が20万9198円なのに対して支出は26万3718円ですから、差額は5万4520円。これが毎月の不足額であるため、仮に定年後に30年間生活すると考えると不足額の総額は1963万円となります。これを根拠として2000万円足りないと言われたのです。

ところが、同じ図をじっくりと見ていただくと面白いことに気がつきます。図2を見て

## 図1 「老後2000万円問題」の発端となった金融庁の報告書にある図

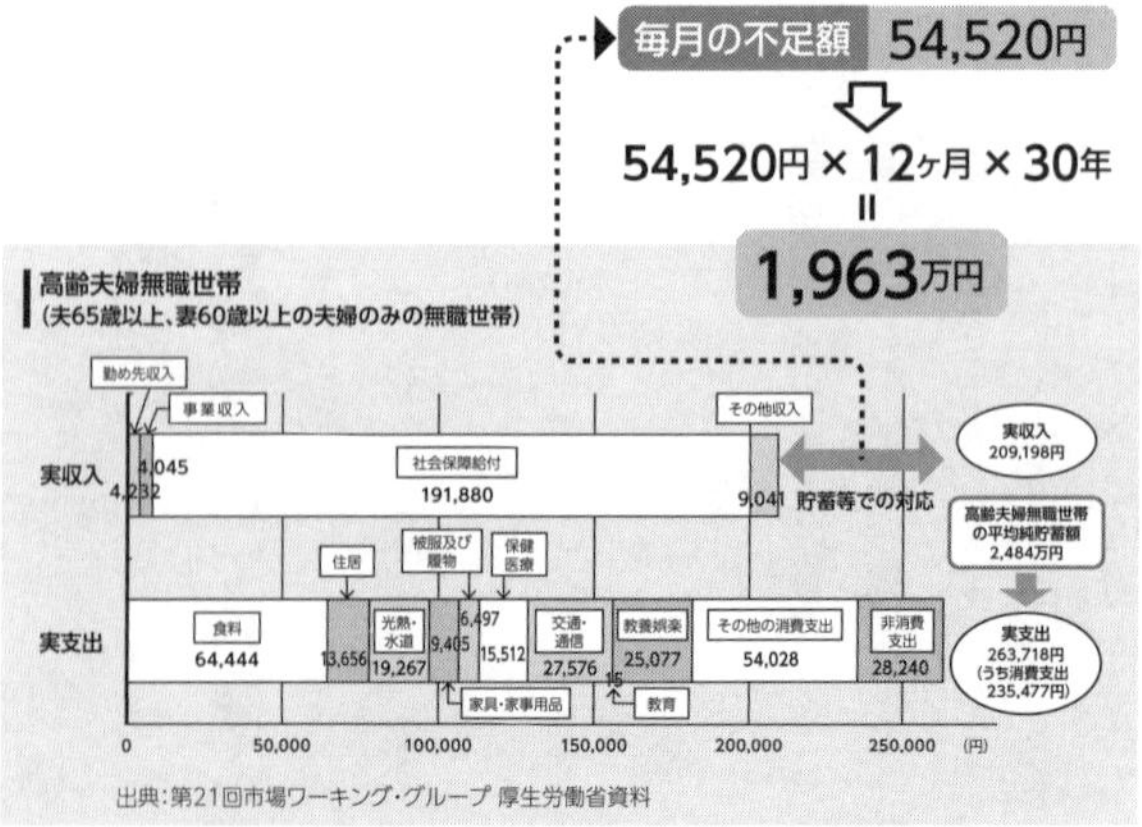


出所：金融庁「金融審議会 市場ワーキング・グループ報告書『高齢社会における資産形成・管理』」2019年6月3日

## 図2 よく見ると2000万円を超える純貯蓄額が!

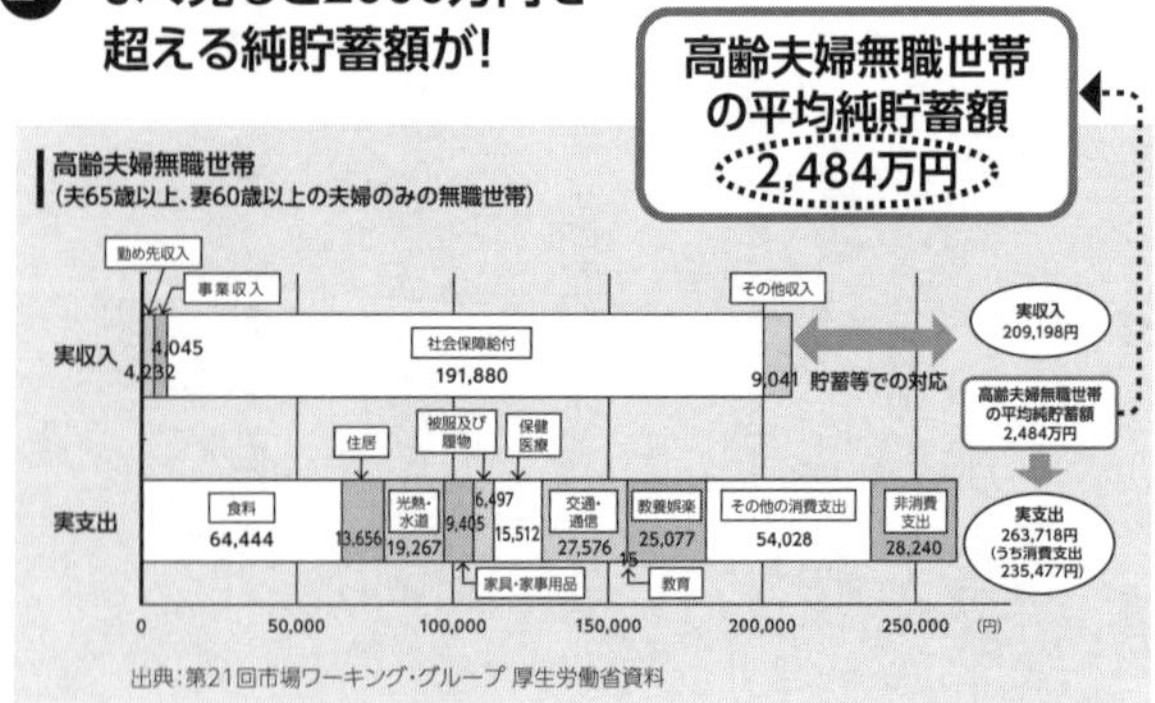


出所：金融庁「金融審議会 市場ワーキング・グループ報告書『高齢社会における資産形成・管理』」2019年6月3日

ください。これは図1の中から一部を拡大して切り取ったものです。「高齢夫婦無職世帯の平均純貯蓄額」として2484万円という数字が出ていますね。

純貯蓄額というのはローンや借金の残高を差し引いた純粋の貯蓄額です。つまりここで取り上げられている平均的な「高齢夫婦無職世帯」というのは、平均すると2500万円ぐらいの貯蓄を持っているということなのです。

ですから、毎月5万円も支出がオーバーしているので2000万円足りないという話ではなく、2500万円も余裕の貯蓄を持っているから少しずつ取り崩して年金支給額を上回る金額で生活しているというだけのことなのです。この図で2000万円足りないなどと説明するのはどう考えてもミスリードです。

## 支出の中身がかなり不自然

それに2つ目の点ですが、もう少し支出の中身を見てみると不自然なところが目につきます。食費が月に6万4444円となっていることです。

私は自分で家計簿をつけていますので、いくら何でもこの金額は多すぎるように思えます。私も高齢夫婦世帯ですが、食費はだいたい月に3万5000円ぐらいが平均です。つまり、私の感覚よりも3万円多いのです。

私は家で食べるのが好きなのであまり外食しませんが、外食が多ければ食費はいくらでも増えます。食費が6万5000円近くあるということは、毎月3万円ぐらい外食をしているということになります。1万円のフレンチのコースを夫婦で食べてワインを飲めるぐらいの金額です。

要は、2500万円もゆとりがあるからこういう支出をしていても何も問題がないのです。したがって、このデータをもって「2000万円足りない」と言うのは全くトンチンカンな話だと言っていいでしょう。

## 老後2000万円問題はいつの間にか……

そもそもこのデータは、金融庁の報告書では「厚生労働省資料」となっていますが、さらに元をたどれば総務省統計局が毎年公表している「家計調査報告」にある数字です。

老後2000万円問題が話題になった2019年6月時点では、この「家計調査報告」

**図3　2020年の数字を使うと「老後55万円問題」に！**

| | 実収入額 | 実支出額 | 差額（月間） | 差額（30年間） |
|---|---|---|---|---|
| 2017年 | 20万9,198円 | 26万3,717円 | ▲5万4,519円 | ▲1,963万円 |
| 2018年 | 22万2,834円 | 26万4,707円 | ▲4万1,873円 | ▲1,507万円 |
| 2019年 | 23万7,659円 | 27万　929円 | ▲3万3,270円 | ▲1,198万円 |
| 2020年 | 25万7,763円 | 25万9,304円 | ▲1,541円 | **▲55万円** |

※総務省 統計局「家計調査報告」より

はまだ２０１７年のデータまでしか公表されていませんでした。そのデータをもって２０００万円不足と表現されたのですが、図３をご覧になるとおわかりのように、翌年の２０１８年のデータでは、収入が増えたことで、不足額は約１５００万円になっています。さらに２０１９年では不足額が約１２００万円、そして何と２０２０年のデータによれば、その不足額はたった55万円になっているのです。つまり、「老後２０００万円問題」はいつの間にか「老後55万円問題」になってしまっているというわけです（笑）。

なぜこんなに減ったのかというと、その理由は明らかです。２０２０年はコロナ禍《か》で一人10万円の「特別定額給付金」が支給されました。それも含めて、収入が年間で24万円ぐらい増えています。一方、支出に関しては、やはりコロナ禍で外出の機会が減り、旅行などにもほとんど行っていないでしょうから、年間で12万円ぐらい減少しています。結果として、２０２０年だけを取ってみると「老後２０００万円問題って何？」ということになってしまったのです。

こういうデータは単年度だけ取り上げても意味はありません。

２０２１年の同調査によると不足額は月額で約１・９万円ですから、これで計算してみると不足額は約６８０万円になりますので、これもまた全然違った数字になります。

**たまたま２０１７年のデータでは支出が多かったというだけ**ですから、毎年の数字の変化を見て一喜《いっき》一憂《いちゆう》しても何の意味もないのです。

## 他人の数字は何の役にも立たない

それに、ここで取り上げている数字は全て平均です。そもそも調査されている世帯数は約８０００世帯です。この数字が全ての人に当てはまるわけがないのです。もちろん傾向を見る上では有意なのかもしれませんが、しょせん平均値ですから、自分の世帯に当てはめて考えてみないと何の意味もありません。

**大事なことは「老後2000万円問題」などという、ありもしない問題に振り回されるのではなく、自分の家計や将来の収支をきちんと考えていくこと**なのです。

第1章では、自分と家族の実態を把握して、不安に惑わされないようにしようというお話をしていきますが、まず初めに言いたかったのは、数年前の「老後2000万円騒動」の実態を知っていただき、メディアや金融機関に振り回されることなく、自分の頭で冷静に考えることが一番大事だということです。

## 1-2 円安・インフレはそれほど怖くない

先行きの不安を煽る報道は「老後2000万円問題」だけではありません。2022年に入ってから起こった円安、そして実に30年ぶりとも言っていい物価上昇の流れについて、報道はこれでもかと言わんばかりに不安を掻《か》き立てます。

でもこうした経済状況の不安というのは本当なのでしょうか？　今までに報道された過去の記事をちょっと振り返って、照らし合わせてみた上で考えてみましょう。

### 円高・円安どっちがいい？

2022年は一時1ドル＝150円をつける円安となり、円が対ドルで4割近い下落となりました。

2022年9月19日の日本経済新聞を見てみると、ドル建ての日本のGDPが30年ぶりに4兆ドル割れとなり、大きく経済が縮小するという危機感が大々的に打ち出されています。結論は「通貨も強い経済構造への転換が急務だ」とされ、円高へ向かわないと大変なことになる、と書いてあります。

同年11月22日の同紙にも、「尾を引く『悪い円安』物価・景気、来年も不安なお」という記事が掲載されています。

ところがそのわずか2ヶ月後、２０２３年1月13日には同じ新聞に「実質金利上がる『悪い円高』、国債バブル揺るがす」と出ているのです。これは前年末に日銀によるイールドカーブコントロール（長短金利操作）の拡大があったため、それまでずっと円安だったのが急激に円高に振れたことを報じており、かつ、それを金利が上がる〝悪い円高〟と表現しています。

同じ新聞が「円安で日本は大変だ！」と言う一方で、円高に振れると「これは痛手だ」と言っているのです。これは一体どういうことなのでしょう？　円安と円高、一体どちらになれば日本にとっていいことなのでしょうか？

円高になると「日本は輸出立国だから自動車などの輸出産業が壊滅的な打撃を受ける」と言いますが、円安になっている時に「輸出産業が儲かっている」という報道はあまり見かけず、「円安によって原材料価格が上昇し、日本は原材料を輸入しているから苦しい」

と言います。これを見て誰も不思議だとは思わないのでしょうか？

## デフレ・インフレどっちが好ましい？

さらにもっとひどいのはデフレとインフレの報道です。

日本は長い間デフレが続いていて、いわゆる「失われた30年」の大きな原因の一つはデフレだと言われてきました。私もその考え方には概《おおむ》ね賛成なのですが、昨今、物価が上昇し始めると、「すわ、インフレがやってきた」と騒ぎ立てるのです。

前述の日経新聞で言えば、２０２１年９月９日の記事には、アメリカ、ドイツ、イギリスなどの物価上昇率のグラフに日本の物価上昇率のグラフを並べて、タイトルには「コロナ禍を経て日本の物価の弱さが一段と鮮明に」とあり、さらに「物価が上昇しないと企業や消費者の心理が萎縮《いしゅく》し景気に悪影響」と結論づけています。

ところが、その４ヶ月後、２０２２年１月15日の同紙を見ると、値上げによって「国内景気を下押しするリスクがある」という記事が出ているのです。

たった４ヶ月で、「デフレ悪玉論」から「インフレ悪玉論」に移るのは、一体どういうわけでしょう？

## 不安を掻き立てるのは新聞を売るため

これらについては理由がはっきりしています。別にその間に新しい経済理論が打ち出されたわけでも、わが国の経済の構造が大きく変化しているわけでもありません。要するに、どんな経済状況になっても不安を掻き立てないことには新聞が売れないからです。

先ほどはたまたま日経新聞を例に挙げましたが、別に日経新聞が悪いわけではありません。名誉のために言っておきますと、これはどの新聞でも同じだし、どのテレビ局やラジオ局でも同じことです。まあ、比較的ラジオはあまり煽るような報道姿勢はありませんが、これは単にラジオがメジャーなメディアではないからに過ぎないというのがその理由でしょう。

要は、「世の中は常に悪い方向に向いている」と書かないと多くの人に読まれないからです。

これは別にマスメディアを悪く言っているわけではありません。彼らも販売部数や視聴率が上がらないことにはスポンサーがつかないので収益が向上しません。言うまでもなく営利企業ですから、収益が上がらないのでは困ります。より多くの人に見てもらえるようにするためには、不安を煽る方がいいのです。これは、この数年のコロナ禍に対するテレビのニュース番組のトーンを見ればよくわかるでしょう。一般的に人間が行動を起こしたり興味を惹《ひ》きつけられたりする最も強い要素は「欲」と「恐怖」なのです。

## 煽り報道の原因は我々にこそある

実際には、円高も円安も、それぞれ良い面も悪い面もあります。どちらかが一方的に悪いわけではないのですが、そういうバランスのとれた解説や報道というのは、あまり人気がありません。

インフレについて言えば、欧米は、物価上昇幅自体は大きいものの、インフレと言える水準かどうかについては多少議論の分かれるところでしょう。ましてや日本の場合は、この水準であれば、とてもじゃないですが、インフレというのは言いすぎだと思います。

私が学校を卒業して会社に入ったのは1974年ですが、その年の消費者物価上昇率は年率で約23％でした。当時の定期預金金利が2年物で8％だったことを覚えていますが、それだけ高い金利がついていても23％も物価が上昇してしまったので、たった1年で15％もお金の価値が下がってしまったのです。これはまさにインフレと言っていいでしょう。

でも、いくら長い間デフレが続いたからといって、わずか2～3％の物価上昇だけでインフレと騒ぐのはちょっとどうかと思います。

これも、結局は読者や視聴者の心理を考えているからこそ出てくる報道なのです。つまり、こういう煽り報道の原因の根本は我々にこそあると考えるべきです。

## 焦って行動することの方が何倍も危ない

前述の「老後2000万円問題」もそうですが、メディアの報道をそのまま鵜呑《うの》みにしてはいけません。特にそういった報道に煽られて、あまり自分で深く考えないままに行動をとるのは危険きわまりないことだと思います。

私は、老後2000万円問題も円安やインフレの問題も、それ自体が我々の暮らしやお金に影響を与えること以上に、そんな**不安に煽られて変な金融商品を買ってしまったり、**

**焦《あせ》って行動してしまったりすることの方がはるかに危険**だと思っています。

先ほどお話しした1974年のインフレの原因はオイルショックだったわけですが、当時も「石油をほぼ輸入に頼る日本はこれで破滅する」といった報道が多く出ていました。でも実際は逆で、それから10年あまりの間に日本は未曾有《みぞう》の成長を遂げ、それが過剰に行きすぎてバブルに突入してしまったわけです。

バブル崩壊の時も、リーマンショックの時も、「日本は大変なことになる」という報道が渦巻いていましたが、我々みんなの生活が破綻《はたん》したわけではありません。円安も物価上昇も、一方的な視点だけで悲観する必要は全くありません。コロナ禍においてはいいことは何もなかったように思えますが、一方では在宅勤務の拡がりによって働き方が変わり、生産性が向上した一面だってないわけではありません。全面的にマイナス要素しかないと思われる疫病の流行ですら、プラスに転じる部分だってあるのです。ましてや物価、為替《かわせ》、金利といった経済現象の変化は、その流れやそれによる影響をもっとじっくり考えていく必要があります。

何か経済の状況に変化が起きると、メディアが不安を煽る報道をするだけではなく、それに乗じて商売しようという業者がたくさん出てきます。我々はそういうたくらみに安易に乗ることのないように気をつけなければならないと思います。

# 1-3 高所得者が必ずしも資産家ではない

今から30年近く前にアメリカで出された『となりの億万長者』（トマス・J・スタンリー&ウィリアム・D・ダンコ著、邦訳は早川書房）という本があります。この本はよくありがちな「お金持ちになる方法」やノウハウの類《たぐい》が書いてあるものではありません。この本が面白いのは、全米の100万ドル以上の純金融資産を持つ人々、俗に言う億万長者の人たちが、一体どんな思考や行動習慣を持っているかということについて、長年にわたるフィールドワークで明らかにしたという点にあります。

私は証券会社に勤めていましたから、長年にわたって多くの投資家や資産家と言われる人たちを見てきました。そんな私の経験から言っても、この本に書いてあることの多くは全くそのとおりだとうなずけることが多いです。そこで私も今までの経験とインタビューをまとめて、数年前に『となりの億り人』（朝日新書）という本を出しました。日本とアメリカでは社会構造や人々の考え方は必ずしも同じではないものの、共通する部分が非常に多いというのが私の実感です。

## 高収入＝資産家ではないのはなぜか？

『となりの億万長者』で読んだ、私の印象に強く残っている言葉があります。それは「高収入を得ている人が必ずしも資産家ではない」ということです。

世間一般では高収入の人＝お金持ちと考えられていますから、メディアなどに登場して活躍する有名人などを見ると、きっと彼らはたくさんお金を持っているに違いないと思いがちです。しかし、この本には必ずしもそうとは限らないと書かれています。

たしかに著名な芸能人が多額の借金を抱えて破産するといった事例は昔からよく聞きますよね。我々はそういう例を見て「ああ、中にはこういう馬鹿な人もいるんだ」ぐらいにしか考えません。

ところが、多額の収入がありながら貯金がほとんどない、あるいは金融資産をあまり持っていない人は意外に多いのです。その理由をひと言で言えば、ごく単純な話で、「お金を使いすぎるから」です。**どれだけ収入が多くてもそれを上回る支出があれば、お金は決して貯まらない**というのは当たり前の話です。ところが、収入の多い人に限って、そういう傾向のある人が意外と多いのです。

例えば企業オーナーや医師、タレントといった人たちは世間的には高収入と思われているでしょうし、恐らく彼らの多くにとって、それは事実でしょう。ただ、彼らの収入はサラリーマンと違って変動が大きいのです。すなわち、儲かる時とそうでない時の落差が大きいということです。

さらに支出も、同様に変化率が大きいと言えるでしょう。例えば自営業やオーナーで言えば、状況を見て大量の商品仕入れが発生したり設備投資をしたりといった想定外の支出が出てくることがありますし、タレントなどは自分のイメージを維持しようとして生活にそれなりのお金をかけるでしょうから、結果として意図せざる支出が発生することが多くなります。

その点ではむしろサラリーマンの方が資産作りに成功する可能性が高いと言えます。なぜなら、収入は安定しているし、それなりに計画的に管理していれば、予定外の支出などはそうそう出てくるものではないからです。実際に私が今まで見てきた資産家と言われる人の多くは、実は普通のサラリーマンだったというケースも多いのです。

## 億万長者は地味な生活をしている

『となりの億万長者』にも、いわゆる億万長者と言われる人はとても地味な生活をしているということが書かれています。イタリア製の高級スーツを着て車はフェラーリ、毎晩パーティーに出かけてシャンパンを楽しむというのがお金持ちのイメージですが、実際はそんな生活とはほど遠く、通販で買った背広を着て車はフォードの中古、パーティーでシャンパンではなく、毎日庭の草刈りをしながらコークを飲んでいるというのが多くの億万長者の実際のライフスタイルだと言うのです。

これは考えてみれば当たり前の話です。いくら収入が多くても、フェラーリに乗って毎夜パーティーに出かけるような生活をしていたのでは、お金なんか貯まるはずがありません。

結局、1万人を超えるアンケートと500人に及ぶインタビューの結果わかった、全ての億万長者に共通するたった一つのこと、それは「収入以上に使わない」というごくシンプルで当たり前すぎるぐらい当たり前な話だったということです。

## サラリーマンにも当てはまる「高収入≠高資産」

多くの企業では、人事部門が主催して、毎年「セカンドライフセミナー」といったようなタイトルで50代の社員たちに対する定年後の準備に向けたセミナーがおこなわれています。私も年間十数回は、そういうセミナーで講師を務めています。

そんなセミナーで面白いのは、参加者がグループに分かれて自分たちで定年後の生活に向けて意見を交換するというセッションです。私も自分の講演が終わった後は、そういうグループセッションに参加させてもらい、みなさんのお話を聞かせてもらうようにしています。

この場合、大体立場の似た人が同じグループにまとめられることが多いです。同じ年次でも部長、課長、無役社員と職位に差があるためで、同じ程度のクラスでないと話が弾《はず》まないだろうという配慮から、そうすることが多いようです。

そこで気がついたことは、社内的な地位の高い人ほど実は資産があまり多くなく、逆に、立場は無役でもしっかりと資産形成をしている人が多いということです。

これは意外です。本来であれば職位の高い人ほど給料も多いはずなのに、実際は必ずしも地位と資産がパラレルにはなっていない。一体どうしてなのか、考えてみました。

答えは前述したことと同様で、収入に比べて支出が多いからです。でも、そうなってしまう理由はそれほど単純ではないようです。

## 支出が多くなる元凶は？

支出には固定費と変動費がありますが、昨今、固定費の見直し、具体的に言えば保険の見直しや無駄な会費の支払いといった項目については改善すべきだという考え方が浸透しつつあります。事実、色んな数字を見る限り、着実に改善されつつあるようです。

ところが変動費については、まさに人によってさまざまなので一概には言えません。一般的にサラリーマンで変動費の支出が多い人の特徴は何かと言うと、どうやら付き合いや飲食による支出が多いようです。

社内的に高い地位にいる立場の人は、部下も多いし、外部との交流機会も多いわけです。結果として飲食の機会が増えるのが普通です。無論、そのために交際費というものがあるわけですが、それにも限度があります。付き合いの機会が多い人にとっては、やはり自分のお金を使う頻度も高くなることでしょう。

さらに、地位の高い低いとは関係なく、外での飲食が好きな人であれば、飲んだり食べたりすることでストレスが解消されるでしょうから、そういう機会が多くなります。

結局、支出が多くなる元凶は、仕事に対する熱心さがもたらす付き合いの多さと、ストレス解消のために増える飲食機会ということになるのでしょう。

## 収入をコントロールできると思う勘違い

これはサラリーマンに限りませんが、一般的に多くの人は収入を増やすことばかりに熱心になる傾向があります。出世街道をひた走るエリートサラリーマンも同様で、仕事で成果をあげて何とか高い地位に就き、権力も収入も増やしたいと思うのは当然です。結果として前述のような支出が増えることになるのです。

でも、多くの人が誤解しているのですが、**収入をコントロールすることはほぼ不可能で**

す。自営業やフリーランスであれば収入が不安定ですから当然ですが、収入が安定していると思われるサラリーマンでも収入のコントロールは不可能です。なぜなら昇給や昇格は自分が決めるのではなく、上司や人事部が決めるからです。ところが多くの人が、努力すれば収入をコントロールできると勘違いしています。だからこそ、無理をしてストレスを生じさせることになってしまうのです。でもしょせん、それは無理だと思った方がいいのです。


では、コントロールできるものは何かと言えば、支出です。

どうすれば支出をコントロールすることができるのでしょう。

これは、結論から言えば、〝見える化〟することに尽きると思います。さらに言えば、**漠然とした老後の不安も〝見える化〟することでかなりの部分は解決する**と思った方がいいでしょう。これについては次節でお話をします。

## 1-4 自分のお金を〝見える化〟する

### 老後不安はお化け屋敷と同じ

私はいろいろな所で老後のお金のプランについてお話をする機会があります。そんな時に「みなさんは老後のお金が不安ですか？」と質問すると、ほぼ例外なくうなずきます。

そこで、「じゃあ、みなさんは自分が年金をどれぐらい受け取れるのか、そして日常の生活費がどれぐらいなのか、当然ご存じですよね？　だから不安なんですよね？」と言うと、とたんに誰もが下を向いてしまいます。

でも、これはある意味当然です。なぜなら**「不安」の最大の原因は「わからないこと、見えないこと」**だからです。

子供の頃にお化け屋敷に入ったことがある人は多いと思いますが、子供心にとても怖かった記憶がありませんか？　なぜ怖いのかというと、真っ暗で何も見えないからです。もし薄明かりがあって、「次の角を曲がれば右側からお化けが出てくるよ」などということがわかっていれば、怖くも何ともありません。

お金の不安もこれと同じで、わからないから不安なのです。だったら、わかるようにすればいい。それが〝お金の見える化〟です。

もちろん将来のことは確実ではありません。どれだけ予測しても想定外のことが起こる可能性は十分ありますので、完全に不安がなくなるということはないでしょう。ただ、少なくとも今の時点で「わからない」ことを「わかる」ようにするだけでも、ずいぶん不安は消えると思います。

## 3つの〝わからないこと〟

では、一体何が「わからない」のでしょうか。

わからないことは3つあります。

まずは**「老後にどれぐらいお金が必要かわからない」**。これは支出ですね。

次が**「老後はどれぐらいお金が入ってくるのかわからない」**。これは収入です。

そして最後の3つ目が、**「どれぐらいお金があれば安心なのかがわからない」**ことです。

最初と2番目、つまり支出と収入の両方がわからなければ、いくらあれば安心かがわからないのは当然と言えます。

したがって、大事なことは**支出と収入をわかるようにする**ことです。これはそれほど難しいことではありません。誰でも簡単に自分の将来の支出と収入を明らかにすることが可能です。

## 「老後は1億円必要」は本当か？

まず支出から考えてみましょう。老後の生活費は一体どれぐらいかかるのか？

よく雑誌などで「老後の生活費は1億円かかる」という記事を目にすることはありませんか？　この数字の根拠になっていると思われるのが、公益財団法人生命保険文化センターが3年ごとにおこなっている「生活保障に関する調査[※1]」です。２０１９年12月に公表された「令和元年度版報告書」によれば、この調査は全国で18～69歳の男女４０００人あまりから回答を得たデータを元に作成されています。すなわちアンケートの結果を集計したものです。
具体的な質問項目として「あなたは、老後を夫婦2人で暮らしていくうえで、日常生活費として月々最低いくらぐらい必要だとお考えですか」「経済的にゆとりのある老後生活を送るためには、今お答えいただいた金額のほかに、あといくらぐらい必要だとお考えですか」とあり、その答えの平均がそれぞれ22・1万円と14・0万円です。合わせると月額36・1万円になります。この金額を65歳から90歳までの25年間支出し続けると、その総額は1億830万円になります。

ただ、注意すべきことが2つあります。それは、多くの人が勘違いしていることですが、これはあくまでも老後の生活費がトータルで1億円ということであって、1億円不足するというわけではありません。後ほど出てきますが、一般的な水準で公的年金が受給できる金額を同じ65歳から90歳までで合計すると6734万円ありますから、仮に1億円かかったとしても、その6～7割は特に何もしなくても手当てされることになります。

それに、この1億円という金額です。これは実態から導き出したものではなく、あくまでもアンケートに対する答えだということです。

総務省統計局の家計調査によれば、2021年の高齢夫婦無職世帯の月間の消費支出額は、実際には22万4436円となっています。※2 これが実態であり、この金額を元に計算すると、老後の生活費は約6733万円となります。

## 死ぬまでに入ってくるお金は?

次に収入について考えてみましょう。

定年後に働けば、当然報酬が入ってきます。しかし、その額はどこでどういう働き方をするかによって全く違ってきますので、「いくら」ということは何とも言えません。

中には定年後は一切働かないという人もいるでしょう。その場合、報酬は入ってきません。

ただ、全く働かなくても入ってくる収入があります。それが公的年金です。サラリーマンの場合は厚生年金という制度に加入しているので、誰もが支給開始年齢の65歳から受け取ることができます。

また、中には企業年金のある会社に勤めている人もいるでしょうから、そういう人であれば勤めていた会社から（厳密に言えば企業年金基金からですが）一定期間、年金が支給されます。もちろん年金として受け取らず、退職金として受け取ることもできますが、そのあたりの話は少し複雑なので、今は単純に企業年金が支給される会社もあるということだけ知っておけばいいでしょう。

では具体的に、公的年金は一体どれぐらい支給されるのでしょうか。

厚生労働省が発表している２０２３年度の年金額改定[※3]によれば、夫婦２人分の老齢基礎年金を含む標準的な年金額は月額22万４４８２円となっています。標準的な年金額というのは平均的な収入（平均標準報酬〈賞与含む月額換算〉43・9万円）で40年間就業した場合に受け取り始める年金（老齢厚生年金と2人分の老齢基礎年金〈満額〉）の給付水準のことです。つまり、妻がずっと専業主婦で働いていなかった場合の夫婦２人分の年金額が22万円あまりということになります。

この金額が生涯、つまり死ぬまで支給されます。ということは、先ほどの支出の計算と期間を合わせるために65歳から90歳までで計算すると、支給累計額は約６７３４万円ということとになります。定年まで働いた場合、何もしなくてもこの金額は受け取ることができます。

## 公的年金以外にも収入はまだある

先ほどの支出と金額を比べてみると、公的年金だけでも日常生活は問題ないということがわかります。事実、厚生労働省の「国民生活基礎調査」の２０１９年版[※4]によれば、公的年金を受給している高齢者世帯のうち、収入に占める年金の割合が１００％、すなわち年金だけで生活している世帯は48・４％となっていますから、約半分の世帯は公的年金だけで暮らせているということになります。

もちろん公的年金だけでは贅沢《ぜいたく》はできませんし、現役時代よりももっと旅行や外食を増やしたいということであれば公的年金だけでは足りないでしょう。

そこで出てくるのが企業年金です。これはない会社もありますので（むしろない会社の方が多い）全ての人に当てはまるわけではありませんが、企業年金がなくても退職一時金のある会社は一定割合あります。その金額は企業によってまちまちですから一概にいくらとは言えませんが、厚生労働省や東京都労働局のデータで見ると、平均は１０００万〜２

000万円といったところです。

ここまでの金額は、仮に定年時に貯蓄が全くなくても手に入るお金ですから、**生活の基礎となる部分については公的年金、場合によっては企業年金でほぼまかなえる**と考えていいでしょう。これに加えて自分が蓄えている預金や投資している株式、投資信託といったものがプラスされるのです。

## 〝見える化〟の効用

今までお話ししてきたのは言わばモデル、平均的な数値です。ですが「老後2000万円問題」のお話をした時も言いましたように、平均値を見てもあまり意味はありません。実際に自分の場合はどうなのかということを明確にしないと意味がないのです。つまり〝自分のお金の見える化〟が大事だということです。

では、どうすれば見える化ができるかというと、まず公的年金については、毎年送られてくる「ねんきん定期便」や、登録すればいつでもネットで見ることができる「ねんきんネット」で容易に把握することができます。さらに2022年4月からは試験版として「公的年金シミュレーター」というのができましたので、これまで以上に把握しやすくなりました。

企業年金については、会社の人事部とか総務部に尋ねることになるでしょう。昔と違って最近は企業年金の制度や仕組みについて社員に公開している企業が増えてきていますし、恐らく聞けば教えてくれるはずです。したがって、入ってくるお金はそれで把握することができます。

では、出ていくお金はどうでしょう?

これこそ人によって全く違いますので、これだけは自分で家計簿をつけるなりして把握するしかありません。私も定年になる2年前から自分で家計簿をつけ始め、定年後に実際にどれぐらいお金がかかるのかがはっきりとわかったことでかなり安心感を得ることができました。

冒頭の話に戻りますが、〝見える化〟の最大の効用は不安がやわらぐことです。

世間には、老後不安を商材にして、質の悪い金融商品を売りつけようとする金融機関もあります。もちろん公的年金や企業年金以外に自分で蓄えを持ったり投資をしたりして資産形成することはいいことですが、そのためにまずおこなうべきなのは、将来にわたる自分と家族の生活に関する収支を把握することだということを忘れてはいけません。

※1　令和元年度生活保障に関する調査（公益財団法人生命保険文化センター）
https://www.jili.or.jp/files/research/chousa/pdf/r1/2019honshi_all.pdf
※2　家計調査年報（家計収支編）２０２１年　家計の概要（総務省統計局）
https://www.stat.go.jp/data/kakei/2021np/gaikyo/index.html
※3　令和5年4月分からの年金額改定について（厚生労働省）
https://www.mhlw.go.jp/stf/houdou/0000191631_00017.html
※4　国民生活基礎調査２０１９年版（厚生労働省）
https://www.mhlw.go.jp/toukei/saikin/hw/k-tyosa/k-tyosa19/index.html

## 1-5 50歳からでも遅くない理由

### 50歳で感じる漠然とした不安

私の主な仕事は執筆ですが、一方で年間100回を超える講演も全国でこなしています。比較的多いのが、企業の中で50代前半の方向けにおこなう講演です。多くの場合、それらの講演には「セカンドライフセミナー」とか「ライフプランセミナー」という名前がついていて、近づく定年後に向けてお金の問題やキャリア、生き方に関することを考えてみようという趣旨で会社が主催し、50代の社員に参加の機会を提供しています。

私自身、定年から10年を過ぎましたので、その間に経験してきた仕事やお金のことを正直にお話しすると、みなさんとても熱心に聞いてくれます。やはり机上《きじょう》の空論ではなく、実体験から得たことについては関心が高いからでしょう。

時々感想をお聞きすることもあるのですが、さまざまな感想が入り混じる中で、お金に関してはこういう投げかけを受けることがあります。

「50歳からではもう遅いでしょう」

そういう感想をお聞きすると、心の中で「一体何が遅いのでしょう?」と思ってしまいます。

恐らく、こういう感想をおっしゃる方は漠然と「今さらお金をどうこうしようと思っても、もうこの歳だから遅いよ。もっと若い時からやってないとダメでしょう」と感じているのでしょう。

たしかに50歳でゼロから1億円を貯めようと思うと、さすがにもう遅いでしょう。5000万円でも厳しいかもしれません。でも、「老後を安心して生活していけるのだろうか?そのために必要な金額を今からこしらえるのはもう遅いのではないか?」と考えているとすれば、それは大きな間違いです。なぜなら、老後を安心して暮らしていけるために必要な金額などというものは誰にとっても一律のものではなく、人それぞれだからです。

しかも、今、世の中で働く人のうち9割は会社員や公務員といったサラリーマンですが、実は**サラリーマンをずっと続けてきた人であれば、一般的にはそれほどお金のことを心配する必要はありません。**その理由は本書の中でいずれお話ししていきますが、まずは

「50歳からでも決して遅くない」ということについてお話をしていきましょう。

## 50代に入ると貯蓄が増加する

先にも名前を出しましたが、厚生労働省が毎年実施している「国民生活基礎調査」というものがあります。この中の貯蓄に関する項目は3年ごとの大規模調査で調査されているため、現時点で最も新しい資料は２０１９年版です[※1]。その中に１世帯あたりの平均貯蓄額と借入額を年代別に示した図があります（図４）。この図は実に面白くて、色んなことを示唆《しさ》しています。

貯蓄額が大きく増加するのは20代から30代に入る時です。それまでの貯蓄額が約１８０万円だったのが５３０万円となっていますから一挙に3倍近くに増えます。ただ、元の貯蓄額が少ないので大幅に増えたように見えますが、実際の金額は３５０万円です。それに30代に入ると住宅ローンなどで平均借入額も一挙に１０００万円を超えますので、純貯蓄額はマイナスです。そしてこの状況は40代まで続きます。貯蓄額は１２０万円ほどしか増えず、増加率も23％程度に過ぎません。

図4 **50代になると純貯蓄額がプラスに転じる（2019年）**

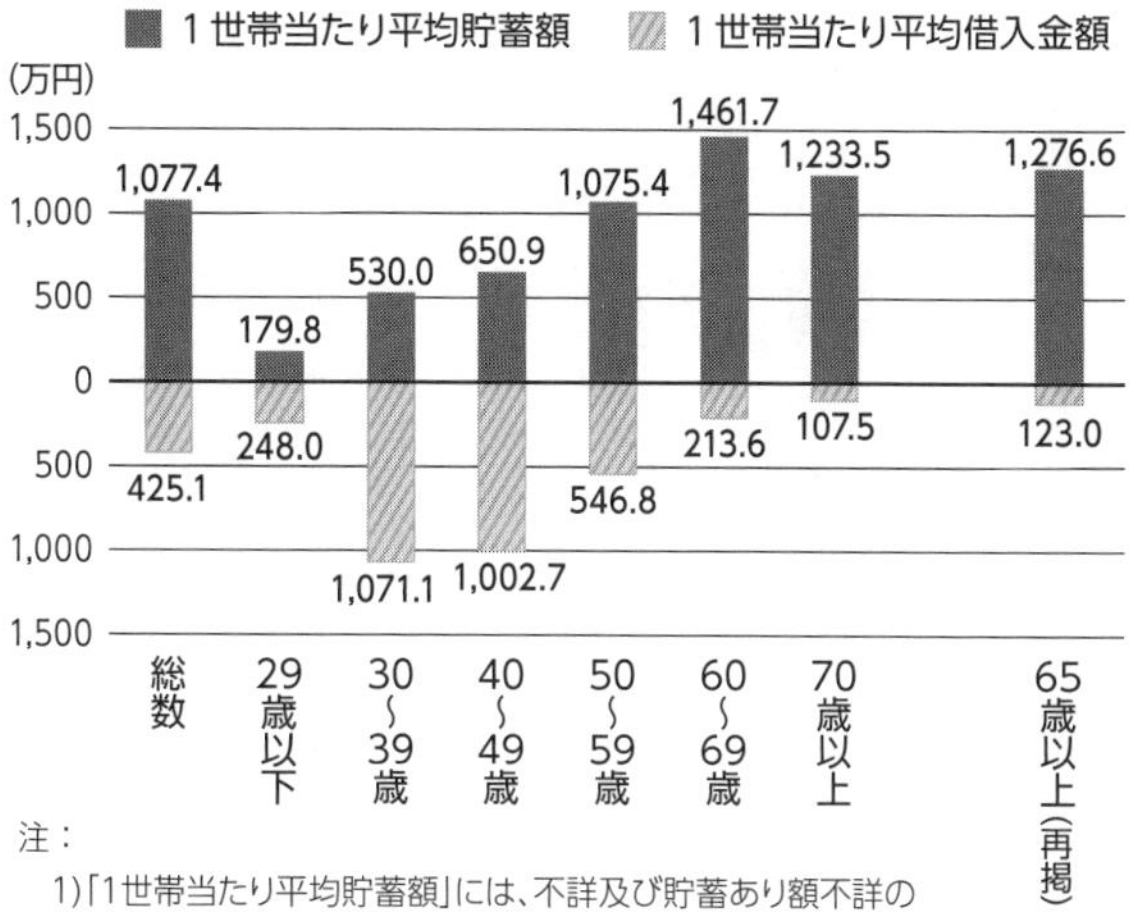


注：

1)「1世帯当たり平均貯蓄額」には、不詳及び貯蓄あり額不詳の世帯は含まない。

2)「1世帯当たり平均借入金額」には、不詳及び借入金あり額不詳の世帯は含まない。

3)年齢階級の「総数」には、年齢不詳を含む。

出所：国民生活基礎調査「結果の概要」2019年版（2020年7月17日 厚生労働省）より
https://www.mhlw.go.jp/toukei/saikin/hw/k-tyosa/k-tyosa19/dl/03.pdf

ところが40代から50代に入ると状況が一変します。貯蓄額が一挙に425万円ほど増え、その増加率も65%と大幅に増えます。さらに借入額はほぼ半減しますので、それまでと違って純貯蓄額はプラスに転じます。

貯蓄の絶対額自体が一番多くなるのは60代ですが、これは恐らく退職金が入ってきたからだと考えられます。

50代で純貯蓄額がプラスに転じるのは、一体どうしてなのでしょうか？

実はこの傾向は昔からあります。昨今は少し状況が変わりつつあるものの、40代というのは最もお金を貯めにくい世代です。なぜなら子供の教育費に一番お金がかかる上に、住宅ローン返済などの負担が最も重いのがこの年代だからです。加えて会社の中でも管理職になることで、それまでよりも多少給料は増えるでしょうが、その分税金や社会保険料の負担が重くなりますから、思ったほど手取りは増えません。

ところが50代に入ってくると、人によってはそろそろ教育費の負担が軽くなる時期になってくるでしょうし、給料はそこからはもう上がらないケースが多いでしょうから、税負担が増えることもありません。結果として可処分所得が増える可能性が高く、貯蓄をする余裕も出てくるというわけです。

したがって、**50代というのはそれまでに比べると案外ゆとりが出てくる**ということになります。

## 働くことで得られる収入はこれまで以上に増加する

また、世の中の状況は「長く働く」ということに舵《かじ》を切りつつあります。昔は60歳で定年を迎えた後に働く人はあまりいませんでしたが、現在では65歳までの雇用機会の確保が義務化されたため、60〜64歳で働く人は71・5％にものぼります。[※2] また、2021年4月からは70歳までの就業機会の確保が努力義務化されたため、60代前半ほどではありませんが、65〜69歳で働いている人の割合は50・3％、そして70〜74歳で働いている人は32・6％と、何と3割以上もいます。私も現在70歳ですが、サラリーマン時代以上に働いています。

つまり、昔は60歳までしか収入の機会がなかったのが、現在では65歳、そして2人に1人の割合で70歳まで働いて収入を得ているのです。だとすると、50歳とはいっても、まだそこから20年ぐらいは働く可能性がありますし、体力的にも精神的にも十分その能力のある人が多いでしょう。

実際に50歳以降に働いて得る報酬というのは、いくらぐらいになるのでしょうか。

前出の「国民生活基礎調査」の2021年版[※3]によれば、2020年の全世帯の平均所得金額は564・3万円となっています。仮に60歳で定年を迎えるまではこの所得収入があり、それ以降は現役時代の半分程度の給料になると仮定した場合、50歳以降の所得合計額はいくらぐらいになるでしょう。計算すると、65歳まで働いたとすると累計の所得金額は7053万円となり、70歳まで働くと8465万円となります。

一方、支出については、総務省の「家計調査報告」によれば2019年の勤労者世帯の消費支出は月額32万3853円ですから、60歳までの支出合計額は3886万円。定年後は一般的に消費支出が現役時代の7割程度になりますから、月額約22万7000円程度です。したがって、60歳から70歳までの生活費は2724万円。現役時代の支出累計3886万円と合計すると6610万円となります。これが50歳から70歳までの生活に必要な金額です。

ということは、**仮に65歳まで働いて後はリタイアしたとしても支出をまかなえますし、70歳まで働けば、仮に今貯金がゼロだとしても1800万円ぐらいの余剰が生まれます。**

こう考えると、50歳からお金のことを考えても遅いということは決してないのです。

## 年金がこれに加わる

さらに、働いて得る報酬だけではなく、これに年金受給が加わります。これについては

第4章で少し詳しくお話ししますが、先述したように、2023年度のモデル年金支給額で見ると、夫が40年間厚生年金に加入し、妻がその間専業主婦だった場合で約22・4万円です。もし70歳まで働いて年金受給開始を繰り下げすれば、70歳からの支給額は約31万円となります。この金額が年金として死ぬまで受け取れますから、日常生活に関してはほぼ問題はないと考えていいのではないでしょうか。

実際に私は70歳まで年金は全く受け取っていませんでした。ただ、自営業なので自分で自分に給料を払っていたのですが、その金額は月額24万円、年金よりも1万〜2万円程度多いぐらいの金額にしていました。定年退職してからの10年間はほぼ22万〜23万円ぐらいで普通に生活できています。したがって、過剰な不安を持つ必要はないと思います。

## 資産形成も50歳から始めるのは決して遅くない

もちろん、ここで出ている数字はいずれも平均値に過ぎませんから、実際にはその人の生活ぶりや働き方によって変わります。一様に決めつけることはできません。それに、リタイアした後は旅行に行ったり、趣味を楽しんだりするための費用もあった方がいいでしょう。

それらを全て年金だけでまかなうのはちょっと難しいと思います。したがって、それなりに自分で資産形成をしておくことも必要なことではあります。高齢化が進む現代においては、その対応策として、就労機会の拡大だけではなく、資産形成においても比較的年齢が高い人でも活用できる制度が整備されつつあります。とはいえ、若い頃に比べると働ける期間自体が短いことは事実ですから、あまりリスクの高すぎる資産運用はしない方がいいでしょう。このあたりについては第5章で詳しくお話ししますが、50歳からでも資産形成を始めるのに決して遅くない方法があるということをまず知っておいてください。

※1　国民生活基礎調査２０１９年版（厚生労働省）
https://www.mhlw.go.jp/toukei/saikin/hw/k-tyosa/k-tyosa19/index.html

※2　令和４年版高齢社会白書（内閣府）
https://www8.cao.go.jp/kourei/whitepaper/w-2022/zenbun/pdf/1s2s_01.pdf

※3　国民生活基礎調査２０２１年版（厚生労働省）
https://www.mhlw.go.jp/toukei/saikin/hw/k-tyosa/k-tyosa21/dl/03.pdf

# 第2章

# 出世のために頑張っても意味はない

# 2-1 今も波平さんの時代のまま？

## 老後のお金の不安をなくすには、老後をなくせばいい

多くの人にとって老後の最大の不安は、「健康」を別格とすると、やはり「お金」でしょう。ただ、サラリーマンであれば老後のお金の問題は過剰に心配する必要はない、ということを前章で詳しく述べましたが、頭の中ではわかっても気持ちの上では「それでもやっぱり不安」という人が多いと思います。

では、どうすれば老後の不安を完全に解消することができるのでしょう？　答えは実に簡単です。「老後をなくせばいい」のです。

「『老後をなくせばいい』と言ったって、歳をとればいやでも老後は来るじゃないか」と思う人が多いと思いますが、**老後というのは年齢で区切るのではなく、仕事を辞めて完全に引退した後のことを言います。**つまり、働かなくなった時から老後が始まるのです。

２０２１年に95歳で亡くなられた作家で脚本家の橋田壽賀子《すがこ》さんが今から7年ほど前に出されたエッセイで『私の人生に老後はない。』（海竜社）という本があります。橋田さんも「仕事を辞めた時から老後が始まる。私は生涯現役で働き続けるから老後はない」とおっしゃっています。

実際、「老後＝定年退職後＝完全引退＝年金以外の収入なし」という図式があるから不安を感じるわけです。もちろんそのために現役時代からお金を貯めたり投資をしたりして資産を作ることも結構ですが、自分で貯めたお金には限りがあります。一方、自分の寿命はいつまであるかは誰にもわかりません。だからこそ、いつまで長生きしても終身で支給される公的年金がまず大事で、それを補うために自分の蓄えや投資が大事という順番なのです。

ところが、公的年金よりも大事なことがあります。それは「働いて収入を得る」ということです。

## 磯野波平さんのお歳はいくつ？

ここでちょっと驚くようなお話をしましょう。漫画の『サザエさん』に出てくるお父さんといえば磯野波平さんですが、彼の年齢はなんと54歳なのです。

あの風貌《ふうぼう》を思い出してみると、とてもそんな年齢には見えませんよね。どう考えても60代か、あるいは70歳ぐらいにはなっているかもしれないという雰囲気です。

現代の54歳といえばどんな人たちでしょう。みなさんも自分の周りにいる人を思い出してみてください。

男性で言えば俳優の大沢たかおさんやサッカー日本代表監督の森保一さん、女性であれば菊池桃子さんや鈴木京香さんが54歳です（2023年2月時点）。これらの方たち、どう見ても〝波平感〟はありませんよね。波平さんに比べるとはるかに若いイメージの人たちばかりです。

一体、これはどうしてなのでしょうか？

漫画『サザエさん』の連載が始まったのは１９４６年４月、福岡の地方紙『夕刊フクニチ』でした。その後の変遷を経て１９５１年４月から全国紙である朝日新聞朝刊に連載されるようになりました。１９５０～52年当時の男性の平均寿命は59・５７歳、定年の年齢は多くの企業で55歳でした。定年後の余生は平均すると5年ほどしかなかったのです。したがって、波平さんが54歳ということは、定年の1年前という設定です。そう考えると、あの何とも言えないのんびりとした雰囲気もうなずけるというものです。

## 70歳まで働くのは不思議ではない

55歳で定年と言っても、平均寿命が60歳そこそこであれば、残された人生は5年しかありません。考えてみれば、当初、公的年金が誕生した頃は、定年になった後の5年か10年ぐらいを年金で生活するという前提だったわけです。

しかしながら、現在では男性でも平均寿命が81歳を超えています（女性は87歳を超えています）。仮に60歳が定年だとしても、そこから20年以上もの時間があるのです。

もちろん平均寿命が伸長するということは容易に想定できたことなので、それに対する施策は今までにも打たれてきています。したがって、今後も公的年金が老後の生活をまかなうための主たる手段であることは変わりありませんので、60歳あるいは65歳で仕事を完全引退しても日常生活に困るということはあまりないでしょう。

ただ、波平さんの時代とは状況が大きく変わってきているのですから、「働く」ということに対する考え方が変わってもいいのではないかと思います。

当時と比較して考えてみましょう。

当時は定年後の余生が5年だったことを思えば、現在の平均寿命で考えると70歳とか75歳まで働いても一向に不思議ではありません。それに、もし70歳まで働いて年金の受取開始を5年間繰り下げると、受給額が42%アップしますので、より豊かな生活を送ることができます。さらに言えば、2022年4月からは受取開始年齢を70歳から75歳まで繰り下げることもできるようになりました。仮に75歳まで繰り下げると、その後の受取額は84%も増加します。完全に老後をなくすことは無理だとしても、できるだけ老後を短くすることは可能ではないでしょうか。

## でも60歳を過ぎてまで働きたくない……

老後をなくす、あるいは老後を短くするために長く働くのが理想だということは理屈ではわかっても、多くの人、特に現役のサラリーマンには、今ひとつ腑《ふ》に落ちないのではないかと思います。事実、私自身も54～55歳ぐらいまでは「60歳で定年を迎えたら、絶対仕事なんかせずに自分のやりたいことをやって楽しく過ごすのだ」と強く思っていました。

今だから言えますが、それは典型的なサラリーマンの発想でした。私は定年までサラリーマンを続け、その後に会社を辞めて自営業になって、今日《こんにち》までやってきました。サラリーマン時代と会社を辞めた後に自営業を始めてからでは、「働く」ということに対する考え方が180度変わりました。

サラリーマン時代、仕事は〝苦行《くぎょう》〟でした。早く夏休みが来ないかと指折り数え、毎週日曜日の夜にNHKの大河ドラマが終わるととても気分が憂鬱になっていました。もちろん仕事が面白い時期もありましたが、概ね辛《つら》いことの方が多かったように思います。

みなさんの中に、もし、「いや、そんなことはない。仕事が面白くてしょうがない。毎日会社へ行くのが楽しい」という人がいるなら、それはとても幸せなことです。まさに現在の仕事が自分に合っているのでしょうから、何の問題もなく60歳以降も現在の会社で仕事を続ければいいと思います。最近では少なくとも65歳、場合によっては70歳まで会社に残って仕事を続けることができるからです。

でも、そうではない人も多いでしょう。だとすれば、60歳からは少し働き方を変えてみればいいと思います。後ほどお話ししますが、可能であれば会社勤めをしながら副業をやるのもいいでしょうし、本当にお小遣い程度でいいので自分でお金を稼ぐということをやってみればいいのです。生活のために仕事をする、生きるために仕事をするのではなく、〝楽しむために仕事をする〟という発想をしてみてはいかがでしょう。

## 60歳を過ぎての独立は決してリスクが高くない

私は60歳まで同じ会社でずっとサラリーマンとして働き続けた後に独立しました。当初の1〜2年は仕事らしい仕事がほとんどありませんでしたが、幸い60代前半の特別支給の老齢厚生年金がありましたし、定年時に退職金もいくらかもらったので、当面の生活には困りませんでした。それに、このままずっと仕事がなければさっさとやめてしまえばいいと思っていたので、とても気が楽でした。30代や40代で独立するのと違って、定年後に独立して仕事を始めるのは、その点、決してリスクが高いわけではないのです。

定年後の起業については、以前私が書いた『定年男子の流儀』（ビジネス社）に詳しく紹介していますので、興味のある方はご覧ください。

今も波平さんの時代のままに定年後にのんびりと新聞を読みながら暮らすのではなく、定年後も20～30年という人生を充実して過ごせるようにしたいからこそ、できるだけ長く働くことを考えてみるべきではないかと思います。

# 2-2 長く働くとどんないいことがあるのか？

## 老後の三大不安とは？

前節で老後の不安を解消するにはできるだけ長く働くのがいいというお話をしましたが、多くの人はその理由を「長く働くことで収入が増えるから」としか考えていないような気がします。でも、本当はそれだけではありません。長く働くことの効用は多岐《たき》にわたります。

一般的に「老後の三大不安」と言われるものがあります。それは「病気」「貧困」、そして「孤独」です。

言うまでもなく、年齢を重ねてくると体にどこか具合の悪いところが出てきます。厄介《やっかい》なことに病気というのはあらかじめわかっていることではなく、突然生じることが多いため、肉体的な不具合だけでなく、精神的なショックも大きい。健康というのは老後に限らず老若男女いずれにとっても大事なものではありますが、病気になる可能性の大きさを考えると、高齢期の健康はまさしく最も大きな不安要因と言っていいでしょう。

2つ目は貧困、つまり老後にお金が足りなくなってしまうという不安です。ただ、これは前章で詳しくお話ししたとおり、普通のサラリーマンであれば厚生年金が終身で受給できるので、極端な貧困に陥る心配はありません。

そして3番目の不安である孤独ですが、厄介なことに、会社を辞めると突然、この不安が襲いかかってきます。

現役時代は働いていますから、会社という組織を通じて人とのつながりがあります。もちろん、人間関係が煩《わずら》わしくて、それがストレスになる場合もあるものの、少なくとも孤独になるということはありません。

「そういうつながりがなくなることで孤独になるかもしれない」という不安は、当然考えておくべきことなのですが、多くの人はそのことは考えずに、健康とお金のことばかり心配します。でも、自分自身の経験や色んな人に取材をして聞いた話から言うと、実はこれが最も恐ろしいのです。

長く働くことの最大のメリットは、この三大不安がある程度解消されるというところにあります。

## 長く働くことで三大不安が解消される

まずは最も深刻な「孤独」の問題です。これは別に働かなくても、趣味やボランティアといった社会的な活動を続けていくことによって、ある程度解消することができます。

また、中には一人でいることが好きという人もいるでしょう。実は私もそういうタイプです。一人で本を読んだり映画を見たりして過ごすことを全く苦にしません。

ただ、それは私が日常的に仕事をしていて、多くの人とつながっているから、家にいる時ぐらいは一人で過ごしたいという気持ちが強いだけです。もし何もせずにずっと家にこもっていたら、恐らくストレスを感じることになるでしょう。何事もバランスが大切です。

世の中の多くの仕事は自分一人だけの作業でおこなうわけではなく、さまざまな人と連携しながら進めていきます。働いていれば、連携とか連帯というつながりによって、孤独に陥ることが少なくなります。

次に健康です。働くことによって健康が維持されるという面があります。

もちろん、現役時代にありがちだった、心身をすり減らすような働き方は健康を害するでしょう。しかし、もう少しゆったりした働き方であれば、何もしないよりは健康にいいはずです。

これは肉体的にもそうですが、前述したような孤独に陥ることを防いでくれるという意味では、精神的な健康も働き続けることで維持されると考えるべきでしょう。

また、働くということは、程度の差こそあれ、多少のストレスはかかってきます。ストレスはない方がいいと考えがちですが、ストレスが全くない生活が理想的な心の健康状態かというと、決してそういうわけではありません。軽いストレスであれば、それを解決したり乗り越えたりする時の満足度が幸福感をもたらしてくれるという面もあるようです。

要は、これもバランスの問題なのでしょう。

## 遊ぶために働く

そして、3つ目の不安である「お金」についてです。

多くの人は「定年後も働くのはお金のために仕方なく」と思いがちですが、ここでも発想を変えるべきだと思います。

人によって家族の状況や年齢が異なるので一概には言えませんが、仮に定年の時点で子供が独立しており、住宅ローンなどの借金も終わっているのであれば、現役時代に比べると7割程度の支出で生活していくことは十分可能です。事実、私の現在の生活費も現役時代から3割以上減少しています。したがって、生活費を補うために働くというケースは恐らくそれほど多くはないと思います。

では何のために働くのかと言えば、それはずばり、「遊ぶために働く」「楽しむために働く」のです。

普通に生活していくための日常生活費だけなら公的年金で十分カバーできますが、旅行に行ったり、毎週美味しいものを食べに出かけたり、あるいはお金のかかる趣味を楽しんだりするのであれば、公的年金だけでは心許《こころもと》ないでしょう。したがって、そういう楽しみのために働くのが定年後の働き方としてはベストだと思います。

定年後の仕事ではそれほど多額の収入は得られないと思いますが、現役時代のように**生活のために働くのではなく、〝遊ぶために〟働くのですから、収入は少なくてもいい**のです。例えば何かのアルバイトで月5万円ぐらい稼ぐことは十分可能です。パートナーがいるなら、夫婦で働くと月に10万円ぐらいになります。年間にすると１２０万円です。それだけあれば、年に何回か旅行に行ったり、外で食事を楽しんだりすることもできます。

それに〝遊ぶため〟に働くのであれば、きっとモチベーションも上がるはずです。生活のために嫌な仕事でも仕方なくやるのではなく、温泉旅行に行くための費用を稼ごうということであれば、気が楽ですし、楽しいでしょう。定年後の働き方では、「働く」ということのイメージをそれまでとは変えてみるのがいいと思います。

## 長く働くことの最大のメリットは年金の増額

実は、長く働くことによるお金の面での最大のメリットは、収入ではなく「年金」です。

65歳までしか働かず、そこから年金を受け取り始める場合と、65歳以上、70歳まで働き続ける場合を比較すると、2つの面で年金が大きく増えることになります。

一つは、**長く働くことによって厚生年金の加入期間が長くなることによる増額**。そしてもう一つは、働くことで**年金の受給開始を65歳ではなく70歳まで繰り下げることによる増額**です。

会社に勤める場合は、原則として厚生年金に加入し続けることになります。その分、厚生年金の加入期間が長くなります。その間、年金保険料を納めるわけですから、当然、将来の年金受給額が増えます。

従来は70歳になって厚生年金に入れなくなった時点で（もしくは会社を辞めた時点で）そ

れまで働いた分の年金の受給額を一気に増やす仕組みだったのですが、２０２２年4月からは「在職定時改定」という制度が始まり、毎年受給金額を見直す仕組みに変わりました。

では具体的にどれぐらい増えるのかということですが、これは給料によって違いますので一概には言えません。ただ、仮に月に20万円の給料で60歳から70歳まで10年間働くと、その後の年金は年間14万円弱増えます。もちろん、収入がもっと多ければ増え方も多くなります。

## 5年繰り下げで42%、10年繰り下げで84%増!

さらに大きな効果を生むのが年金受給開始の繰り下げです。

本来、公的年金の支給開始年齢は65歳です。これは支給、すなわち年金を払う方の立場の話です。受け取る側からすれば必ずしも65歳である必要はなく、60〜75歳までの間のいつでも好きな時に受け取り始めることが可能です。

ただ、65歳よりも早く受け取り始めた場合はひと月ごとに０・４%ずつ給付額が減額されますので、60歳から受け取り始めた場合は65歳から受け取り始める場合に比べて24%減額となり、それが生涯続きます。

逆に65歳以降に受け取り開始を繰り下げた場合、ひと月ごとに0・7%ずつ増額されますので、仮に70歳から受給を始めると42%、そして75歳から受け取り始めた場合は何と84%も増えることになります。

計算をシンプルにするために、仮に同い年の夫婦が双方とも年金の受給開始を繰り下げたとしましょう。妻が専業主婦、夫は60歳以降も70歳まで働くという前提です。

2023年度のモデル賃金による年金額は夫婦で月額22万4482円ですから、年額では約269万円となります。2人とも70歳まで繰り下げた場合、この金額は年額が約383万円となります。さらに、前述したように、70歳まで毎月20万円の給料で働くと、厚生年金の加入期間が長くなることで約14万円増えますので、合計すれば約397万円です。

定年後働かずに65歳から年金を受け取り始めると年額約269万円のものが、長く働いて収入を得たり、それまでに貯めたお金を取り崩して生活費に回したりして、受給開始を70歳まで繰り下げることで約47%増えることになります。老後の生活にとって、これは非常に心強いと言えるでしょう。

評論家やFPの人の中には「公的年金は金額が決まっているから増やせない」と言う人もいますが、それは間違いです。働き方によって年金は増えるのです。

長く働くことの効用は、みなさんが考えている以上に大きいということを知っておいた方がいいと思います。

# 2-3 50歳になったら成仏しよう

## 〝成仏する〟とは？

私の本業は「もの書き」です。ジャンルは資産運用や年金といったお金回りの話が多く、さらに行動経済学についても記事を書いたり本を出したりしています。

ところが、サラリーマンをずっと定年までやっていて、その後に起業したという体験から、多くの企業から依頼を受けて定年間近の社員のみなさんにお話をする機会がよくあります。多くの場合、そういう研修やセミナーに参加されている方々は50代の前半です。

私がそんなセミナーで参加者のみなさんに必ず言うことがあります。それは、「みなさん、もうそろそろ成仏《じょうぶつ》してくださいね」ということです。

参加されている人の中には「一体、何を言うんだ！」と目を白黒《しろくろ》させる人もいますし、私に講演を依頼した人事部や研修部などの人たちも一様に驚いた様子を見せます。

私が「成仏しよう」と言うのは、**会社における地位や立場に対するこだわりを捨てよう**ということです。

　私も長年サラリーマンをやっていたからわかりますが、サラリーマンにとっては仕事で頑張って昇進するのが最大の目標です。これは昇進すれば給料が増えるからということもありますが、それ以上に自分の権限や責任が大きくなることについて、より高い満足感を得ることができるからです。

「俺は仕事が趣味だった」と言う人がよくいますが、正直言ってサラリーマンで仕事が趣味なんていう人はおそらく一人もいないと思います。それは「仕事が趣味」だったのではなくて、「出世が趣味」だったのです。えらくなりたいから、とにかく色んなことを我慢して必死で働いた。つまり、仕事を頑張ったのは、仕事が好きだったということ以上に、出世したかったからです。それを「仕事が趣味」と勘違いしているのです。

　ところが、50代も半ばになってくると、もう先が見えてきます。多くの場合、そこからの昇進というのはかなり難しくなるでしょう。だから、それぐらいの年齢、時期になったら、昇進とか会社における地位に対するこだわりや執着《しゅうちゃく》は捨てるべきだと言っているのです。

## サラリーマンは〝負け犬〟で一向にかまわない

今から30年以上前の1989年に、私は一冊の本に出合いました。それは電通のプロデューサーをやっていた藤岡和賀夫《わかお》さんという方が書いた『オフィス・プレーヤーへの道』（文藝春秋）という本です。当時37歳、第一線で頑張っていた働き盛りの私にとって、この本との出合いは大きな衝撃でした。

藤岡さんは、「サラリーマンで出世するということは、〝社長になる〟ことだ。社長になれないのだったら、副社長で終わっても平社員で終わっても同じだ」と言うのです。考えてみればそのとおりです。会社の中のあらゆる職位で最も差が大きいのは社長と副社長の間です。これは天と地ほど違います。だから、社長になれないのなら、汲々《きゅうきゅう》として出世に励《はげ》む必要などないのだ、ということを言っているのです。

まさに出世レースのど真ん中にいた私にとって、この藤岡さんの言葉は驚きでした。ただ、その言葉に納得すると同時に、それでも頑張るのをやめてしまってはダメだとも思いましたから、心の片隅にはあったものの、引き続き仕事は頑張り続けました。

再び藤岡さんの言葉を思い出したのは、50代になって、いわゆる窓際部署に異動になった時です。「そうか、ここからは発想を変えた生き方をした方がいいのだ」と思うようになったのです。それが〝成仏する〟ということでした。

たしかに、社長になれなければ、最終的には出世したと言えるかどうか疑問です。でも、社長になれるかどうかは決して実力だけによるのではなく、運も必要です。絶対なるという保証のないものに賭けるのも30〜40代ぐらいまではいいかもしれませんが、もう50代になると、はっきり言って「勝負あった！」です。だからこそ、そこからは気持ちを切り替えた方がいい。それが成仏するということです。

## 成仏しないと幸せになれない

ではなぜ、〝成仏する〟、すなわち気持ちを切り替える必要があるのでしょうか。それは定年後の人生が昔よりもはるかに長くなったからです。本章-1でもお話ししたように、波平さんの時代には定年後は5年か10年ぐらいしか寿命がなかったものが、最近では20〜30年となってきています。定年になるぎりぎりまで執着を捨てずに、気持ちを切り替えずにいると、定年後に向けた準備が何もできなくなってしまいます。つまり、**早く成仏しないと、そこからの長い人生を幸せに過ごすことができなくなる**のです。

定年後何年か経った人から、時折、相談を受けることがあります。「現役時代は結構友達がたくさんいたのに、会社を辞めて数年経ったら、すっかり友達がいなくなってしまった。これはどうしてなのでしょう？」という相談です。

私はそんな時、こう言います。

「それはあなたの考えが間違っていますよ。あなたにはもともと友達なんかいなかったのです。友達だと思っていたのは単なる仕事仲間だったんですよ」

結構厳しいように聞こえるかもしれませんが、これは私自身の話でもあります。実際、会社を辞めた後、会社員時代の知人との付き合いが極端に少なくなりました。

当たり前ですよね。一緒に仕事をする以上はコミュニケーションをスムーズにとる必要があるから付き合っていただけで、仕事の付き合いがなくなれば会う必要がありません。それまで慕《した》ってくれていた部下も、それはあなたが人事の評価権を持っていたからに過ぎません。関心があるのはあなたに対してではなく、ボーナスの査定なのです。

ですから、いつまでも会社の中での人間関係だけしかないと、会社を辞めた後に悲惨な状況が待っているかもしれません。

## 会社の外に友人を作ろう

では、具体的にどうすればいいのでしょう。〝成仏する〟というのは、具体的にどんな行動をすることなのでしょうか。

これはごく簡単なことです。会社で仕事をしている時間以外は、できるだけ会社の人とは付き合わないようにすることです。そしてどんどん会社の外に出かけて行って友人を作るようにすればいいのです。

もちろん、仕事上での付き合いだけではなく、個人的にも、あるいは家族ぐるみで付き合っている友人が会社の中にいるかもしれませんから、そういう場合は無理して付き合わないようにする必要はありません。私も会社員時代の知人とほとんど会うことがなくなりましたが、それでも相変わらず付き合っている友人は数名います。でも、その程度なのです。だからこそ、現役時代からアフターファイブや休日にはできるだけ会社以外の友達を作るように行動すべきです。

でも、中にはどうやってそれをすればいいかわからない人もいるでしょう。

一つは**SNSを活用する**という手があります。私自身、退職の1年ぐらい前からフェイスブックを始めました。その後、コミュニティに入り、リアルにお付き合いもするようになった友達が何百人もいます。さらにその中から特に親しい友達も何十人もできて、全国各地へ行く都度《つど》、集まったり、一緒に食事したりして楽しんでいます。これは私が現在の仕事をしていく上でも大いに役に立っています。

もし、それでも全く新しいコミュニティに入っていくのが苦手というのであれば、**昔の友達の復活**を考えればいいと思います。例えば高校時代とか中学時代の友達と、同窓会だけではなく、また集まって食事したり旅行に行ったりするのです。これなら多少人見知りする人であっても気軽に交流することができるでしょう。

さらに、趣味を何か持っている人であれば、そこから新しいつながりができることもあり得ます。互いに同じ趣味を持つ人同士であれば、会話が弾むでしょうし、つながりも強くなるからです。

このように、〝成仏〟して新しい次の人生に向けて準備をするのが50代です。私も幸いにして50歳で成仏することができたので、会社以外の知り合いを増やすことができました。みなさんもぜひ一歩踏み出すべきです。

ただ、成仏すると言っても、それは会社での地位とか立場に執着しないようにしようということであって、仕事をおろそかにしていいということではありません。実は成仏するためにはもう一つ重要なことがあります。それは、**会社人間から仕事人間に変わる**こと。そして、今の仕事を頑張ることです。これについては次の節で詳しくお話ししたいと思います。

# 2-4 50代でも仕事を頑張る理由

## 50代になったら今の仕事を今まで以上に頑張るべし

前節で、色んな企業の50代前半の方向けの研修で講師をする際、いつも参加者の人たちに「みなさん、早く成仏しましょう」と言っているとお話ししました。にもかかわらず、「50代で仕事を頑張るべし」と言うのは、少し言っていることに矛盾《むじゅん》があるのではないかと思われるかもしれません。

たしかに、50歳になると、それまでとは違って働きづらくなることは事実でしょう。

その理由は、

①そもそも働き盛りは30～40代。50歳から頑張っても先が見えている

②役職定年があり、責任ある立場を離れることがある

③体力的にも若い時よりかなり衰える

といったところでしょう。これらは全てそのとおりです。

しかし、ここで発想を根本的に変える必要があります。

**長く働こうということなら、再雇用では無理です。**なぜなら、多くの場合は65歳までしか雇用されないからです。したがって、65歳以降も長く働こうとすると、定年後に他の企業へ移ったり、自分で事業を始めたりすることが必要です。そのために最も重要なことが、今の仕事を頑張ることなのです。

これは意外に思うかもしれませんが、事実です。

多くの人が仕事を頑張るのは、今の会社で昇格することを念頭に置いているはずです。だから、50代になって出世コースから外れてしまうと「頑張っても仕方ない」と思ってしまうのです。ところが、**シニアの転職で最も重視されるのは「専門性」**です。それが技術であれ、営業であれ、庶務業務であれ、どんな種類の仕事でも高い専門性を持っていることがとても重要です。

特に昨今は若い人が起業したスタートアップ企業やベンチャー企業も増えています。そういう企業は、自分たちの本業については優れたノウハウや技術、サービスを持っていたとしても、経理や営業や法務といった部分はまだそれほど強くありません。したがって、長年企業で働いて一つの業務に専門性を持っている人が、そうした新しい企業で必要とされる傾向が強いのです。私の知人でも、上場企業に勤めていて、定年後あるいは50代後半でそういう企業に請《こ》われて行った人が何人もいます。

ただし、そういう人には特徴があります。

それは、社内で出世することよりも自分の専門性に磨きをかけてきた、言わばある種の職人気質の人です。中小企業やベンチャー企業が求めるのは経営者ではなく、その分野に特化した技術や知識を持っている人だからです。

もちろん、多くのサラリーマンはスペシャリストではなくゼネラリストとしての仕事が求められてきました。今風の言葉で言えば、ジョブ型ではなくメンバーシップ型の職場で働いてきたからです。そんな中にあっては、自分で「この仕事のプロだ」と言い切れる人はなかなかいないでしょう。

でも50代に入ったら、そこからは社内でのキャリアパスが重視されて部門を超えた異動が増えるというケースはまずないと考えるべきです。だとすれば、50歳からは**自分の仕事の専門性に磨きをかけていけばいい**のです。

## 戦力外通告がチャンスになった

私は50歳手前までは営業の仕事をずっとやってきました。証券会社は営業が花形の仕事です。ところが50歳を前にして「年金部門」への異動を命じられ、その後は定年までずっと同じ部署でした。つまり、ある種の戦力外通告を受けて、社内ではあまり陽《ひ》の当たらない部署へ異動になったのです。これは一般的にありがちなパターンのような気がします。

ところが、それまで全く経験のなかった「年金」に関する仕事をやってみると意外と面白く、結構夢中になっていきました。結果的には、証券会社としてはあまり経験することのない外部の人たちとの接触、具体的には同業の証券会社ではなく生保や信託といった異なるカルチャーの人たち、そして厚生労働省や企業年金連合会といったほとんど証券ビジネスとは縁のない分野の人たちと知り合うことができました。

もちろん年金部門に異動して以降は昇格も昇給もありませんし、ボーナスも減りましたが、その代わり、得難《えがた》い経験をすることができたのです。

その時の経験と人脈が、定年退職後に仕事をするにあたって、非常に大きく役に立っています。それどころか、現役時代のツテで、定年になった時には複数の企業から「うちに来ないか」というお誘いを受けました。これは年金部門に異動し、そこでそれまで経験したことのない仕事に取り組むことで専門性を磨いた結果だろうと思っています。

もし戦力外通告を受けていなければ、今の立場はなかっただろうと思います。

## 役職定年はまたとないチャンス

それまでとは発想を変え、出世するためではなく自分の専門性を磨くために今の仕事を頑張るというのは、とても重要なことです。しかし、多くの人は、なかなかそうは考えません。

50代も半ばになると、それまで管理職だった人は「役職定年」でラインの長を外れるケースが出てきます。すると、途端《とたん》に気力を失ってしまうというのもよくある光景です。6年ほど前にNHKで放送されたドラマ『定年女子』には、役職定年を迎えた女性主人公が落ち込む様子が描かれていました。あそこまで極端ではないにしても、内心は落ち込んでやる気を失ってしまう人が、あなたの周りにもいるのではないでしょうか。

しかしながら、役職定年というのは、実はまたとないチャンスなのです。理由は2つあります。

一つ目は、前述のように、そこからは自分の専門性を見いだし、それに注力することができるようになることです。

管理職というのは、自分自身の仕事よりも部下への指示や相談事への対応、トラブルの解決、そして人事上の問題といった組織運営上の仕事が中心です。必然的に専門性とはほど遠い状態で仕事をこなさざるを得ません。

ところが、役職を外れて一兵卒《いっぺいそつ》になれば、会社で仕事に取り組む時間は全て〝自分の仕事〟ができます。部下や上司の面倒を見る必要はなくなります。だからこそ、自分の専門性を磨けるチャンスと考えるべきなのです。

## 副業を始めて定年後は本業にするという方法も

2つ目は、ケースバイケースではありますが、兼業・副業が可能になることです。

働き方改革の一環として、厚生労働省は2018年に「モデル就業規則」の改訂をおこない、兼業・副業が認められる方向に舵を切りました。ただ、実際にはまだまだ認められている企業は多くないのが現状です。経団連が2020年に調査した結果では、兼業・副業が認められている企業は22％に過ぎませんので、まだまだ少数派です。ただ、経団連に加盟しているような大企業以外では進みつつあるようで、マイナビが2020年におこなった調査では約半数の企業で副業が認められています。もし認められているのであれば、役職定年は副業を始めるには絶好の機会です。

副業のメリットはいくつかありますが、まず単純に収入源が多様化するということでしょう。特に昨今《さっこん》のようにコロナ禍で廃業したり、事業を縮小したりするところが増えてくると、サラリーマンだからといって安心することはできません。収入を安定させるためには共働きが大事ですが、副業も複数の収入源を持つという意味では重要です。

2つ目は、副業が「60歳以降を見据《みす》えた準備になる」ということです。ひょっとするとこちらの方がより重要かもしれません。

サラリーマンが副業をするのであれば、それは稼げるビジネスか、もしくは稼げなくても自分のやりたいことをするのが普通でしょう。だとすれば、焦らず、少しずつ副業を展開していきながら、定年後はそれを本業にすることを目指すというのもありだと思います。

このように、50代でもおおいに仕事は頑張るべきだと思います。それによって60歳以降、本当に楽しく仕事ができるようになるかどうかが決まってくるからです。

現在の仕事での専門性に磨きをかけるのもいいでしょうし、副業で新しい収入の方向を探るのもよしです。これまでのように「会社から命じられて仕事をする」ことから少し発想を変えてみるべきではないでしょうか。

## 2-5 「壁」を気にせず働くべし

### 「専業主婦は2億円損をする」

〝長く働く〟ということは人生において色んな面で非常に重要なことであることを、これまでお話ししてきましたが、これと同じぐらい、あるいはそれ以上に重要性が高いのが、パートナーがいる場合の〝共働き〟であることも疑う余地がないと思います。

私はいつも主張しているのですが、夫婦共働きには、経済的には2つの大きなメリットがあります。

まずは生涯賃金の違いです。労働政策研究・研修機構が2022年に出した統計[※1]によれば、大卒で正規社員として定年まで働いた場合の総賃金は約2億6000万円、女性では約2億1000万円となっています。つまり、夫婦がともに正社員で働いた場合と、女性がその間ずっと専業主婦であった場合とを比べると、2億円あまりの差が生じるのです。

作家の橘玲《たちばなあきら》氏の著作に『専業主婦は2億円損をする』（マガジンハウス）というタイトルの本がありますが、まさにそのタイトルどおりの数字です。

## 共働きをすると年金額もこんなに増える

また、生涯賃金だけでなく、夫婦ともに厚生年金に加入して働いた場合の年金受給額も、専業主婦の場合に比べると非常に大きな差があります。

厚生労働省が発表している２０２３年度のモデル年金額は月額22万４４８２円です。仮に65歳から90歳までに受給する年金額を累計すると、その累計額はおよそ６７３４万円です。

では、共働きの場合はどうでしょう。

前述したように、残念ながら現在でも男女の賃金差は存在します。２０２１年12月に発表された「令和2年度　厚生年金保険・国民年金事業の概況」によると老齢年金受給額の一人あたり平均額は男性で月額約17万円、女性の場合は約10万９０００円が平均となっていますので、合計すると約27万9000円です。先ほどと同じく、この金額で65歳から90歳まで受給したとすればおよそ8370万円となりますので、専業主婦世帯の場合の金額よりも1600万円ほど増えることになります。

ここでもやはり〝共働き〟は最強なのです。

## 今さら共働きなんて……

50歳前後のみなさんの中には、「まだ若い夫婦ならともかく、妻は長年ずっと専業主婦だったのだから、50歳近くになって今さら共働きと言っても無理じゃないだろうか」と思っている人も多いでしょう。

でも、決してそんなことはありません。これまでは、専業主婦が働くといえば、パートでお店のレジなどで働き、配偶者控除《こうじょ》が適用される限度額や社会保険料の負担が発生しない範囲、俗に言われている「〇万円の壁」を越えない働き方をするのが一般的でした。ところが、これからはこういう「壁」は気にせずに積極的に働いた方がいい時代になりそうです。そのあたりについて、ここからお話をしたいと思います。

## 「壁」って何？

細かく説明していくとかなり長くなり、かつ複雑な話になるので、ごく大雑把《おおざっぱ》にお話しします。

専業主婦である妻を例にとりますと、働いていても一定以下の収入であれば夫の所得に配偶者控除が適用されることで税負担が少なくなる、あるいは、同様に夫の扶養《ふよう》家族となるため社会保険料を負担しなくてもいいことから、働けるチャンスがあっても、収入を一定額以下に抑えるということがおこなわれてきました。

具体的に言うと、社会保険については「１０６万円の壁」と言われるものがあります。これは従業員が１０１名以上の企業で勤めている場合の話です。それまで年収１０５万円で働いていた時は社会保険料の負担はありませんでしたが、その収入が１１０万円に増えると厚生年金などの各種保険料の負担が年間約16万円増えます。収入が５万円増えても負担が16万円増えたのでは差し引き11万円の負担増になりますから、意識的に収入を抑えて１０６万円を超えないようにするような働き方をしてきたわけです。本当は働けるチャンスや能力がありながら、それを抑えることをしているわけです。

## 目先のことよりも将来が大事

これは目先のことだけを考えたらそうかもしれません。

ところが、仮に**壁を越えて働いた場合、保険料の負担は増えますが、将来は妻も厚生年金が受け取れます。**

50歳の主婦が60歳までの10年間、年収110万円で働き、その後65歳から厚生年金を受け取り始めた場合、働いている10年間で保険料を110万円負担し、65歳以降は毎年約6万円ずつ厚生年金が入ってきます。厚生年金は終身で支給されますから、83歳で、もらった合計額の方が多くなります。現在でも女性の平均寿命が87歳以上であることを考えると、長生きする可能性の高い女性にとっては悪くない選択肢だと思います。

それに、106万円をぎりぎり超えるかどうかというところであれば意図的に抑えるのもありでしょうが、もし積極的に働ける機会があり、もっと稼げるのであれば、稼いだ方がずっと得です。

年収160万円で50歳から10年間働いたとしましょう。その場合、税金と社会保険料を差し引いた手取りの年収は約130万円となります。105万円と比べると25万円増えます。10年間で250万円です。

これに加えて、厚生年金が受け取れます。65歳から受け取る毎年の厚生年金は約9・2万円となるため、87歳まで受け取るとすると合計額は約203万円です。

つまり、50歳から60歳まで働くことで、「壁」を意識して働く場合に比べて約450万円以上も収入が増えるのです。

今後、女性の平均寿命がますます延びるであろうことを考えれば、「壁」を気にせず、できるだけ収入を増やすべく働く方がいいということになります。

特に、今よりも収入を増やすことができるだけの機会や能力があるのなら、どんどん稼ぐべきです。

## 女性の方が長生きリスクが大きい

現時点でも平均寿命は女性の方が長いですが、今後も医療技術の進歩によって平均寿命が伸長することが容易に想像できます。したがって、自分が考えている以上に長生きすることでお金が足りなくなるという「長生きリスク」は女性の方が大きいのです。だとするなら、現役時代からできるだけ稼いでお金を準備しておくということも大切ですが、長く働き、そしてできるだけ収入を増やすことで将来の年金額を増やすことがとても重要になってきます。

本章-2で「長く働いて年金の受給開始を繰り下げることで、生涯にわたる受給額を増やす方がいい」というお話をしましたが、これはむしろ女性に当てはまることと言ってもいいでしょう。夫の年金は通常の65歳から受給を開始し、妻の年金は受給開始を繰り下げるという人も増えてきています。

2022年4月からは繰り下げ時期を75歳まで延ばすことができるようになりました。前述したように、これによって年金受給額が84%増えることになりますから、女性こそ受給開始を繰り下げることを真剣に考えるべきです。

たしかに「○万円の壁」というのは存在しますから、あえて収入を増やさないようにするという選択肢を取るのもわからないではないですが、法律や税制は今後も変わっていきます。一方、働いたという事実は確実に残ってきます。報酬という形や年金受給額という形で必ず見返りを得ることができます。

「法律が変わったら、その時に考えればいい」ということではなく、確実に今の収入（給料）と将来の収入（年金）を増やすことができるのであれば、税や社会保険のことばかり気にするのではなく、躊躇《ちゅうちょ》せず、ダイナミックに働いて、可能な限り報酬を増やすことを考えるべきだと思います。

※1　労働政策研究・研修機構　ユースフル労働統計２０２２――労働統計加工指標集――
https://www.jil.go.jp/kokunai/statistics/kako/2022/index.html

# 2-6 それでも「定年後に働くこと」に抵抗がある人へ

## 働き方はさまざま

ここまで、50代からの働き方についてお話をしてきました。

お金に関しては「長く働くことが大事だ」というのはとても重要なメッセージです。ただし、働き方は一様《いちよう》ではなく、さまざまです。

サラリーマンにとって最もやりやすいのは、定年まで働いた会社で再雇用してもらって65歳まで働くというパターンでしょう。でも、先ほども説明したように、必ずしも同じ会社に残らずとも、自分の専門性を磨くことで、定年になってから転職するということも決して不可能ではないのです。

さらには、私のように、定年後のわずかな期間、会社に残ったものの、さっさと辞めて独立自営を始めるという人も最近は増えてきています。2020年版の「中小企業白書」※1

によれば、個人で活動するフリーランスという形態での起業家を年齢別に見ると、男性の場合は50代が30・8％、そして60代が16・4％ですから、合計すると50歳以上が約半数を占めています。女性でも50歳以上が27・4％と、3割近くとなっています。したがって、必ずしも再雇用ではなく、転職や起業という選択肢もおおいにあり得ます。

それに、定年後の起業や転職を経験した人たちに取材をしても、ほぼ100％に近い人が「再雇用ではなく、転職（起業）してよかった」と言います。ですから、私は、企業で定年前のセミナーで講師を務める時も、「定年後は再雇用よりも転職や起業を」ということを積極的に勧めています。

## 大半の人は「そうは言ってもなぁ……」

ところが、こういう話をすると多くの人は「なるほど、そういうこともできるかもしれませんね」とは言うものの、セミナーが終わった後の懇親会などではつい、本音として、「そうは言ってもなぁ。定年になって転職や起業なんて無理でしょう」という発言がしばしば出てきます。

この本音はよくわかります。なぜなら私も現役時代、50歳ぐらいの時は定年後に働くのはもうごめんだと思っていましたし、ましてや今日のように起業するなどということは夢にも思っていなかったからです。

いくら今の私が「定年後も働け。それも会社に頼らず、転職や起業を目指せ」と言っても、現役サラリーマンのほとんどは「そうは言ってもなぁ……」という反応になるというのはよく理解できます。

では、なぜそう思うのかと言えば、理由は2つあります。一つは「サラリーマンにとっては仕事が苦行であること」、そしてもう一つが仕事で優秀な人ほど「サラリーマン脳になってしまっているから」です。そして、これらは決してその人のせいではないのです。

## なぜサラリーマンにとって「仕事は苦行」なのか

会社という組織は収益をあげるために最も効率がよい仕組みになっています。

何か物事を決めるにあたっては、トップダウンでなければ時間がかかってしまいます。

もちろん意見は聞かれるでしょうが、誰もが納得する結論になるなどということはありません。最終的には部門のトップが決断し、指示が下りてきます。みなさんも経験があると思いますが、しっかりと考えて、これが一番いい方法だと思って提案しても却下されるということはごく日常茶飯事《さはんじ》です。でも、自分がやりたいこと、自分が考えてよかれと思ったことが否定されるのは面白いものではありません。実際に仕事で幸福感を得られるかどうかは、「自己決定権」が多いか少ないかが鍵を握っています。

もちろん、長年会社に勤めていて、仕事が楽しいという時期はあります。昇格した直後や自分が何かのプロジェクトの責任者を任された場合は当然張り切りますし、会社に行くのが楽しいでしょう。でも、それが会社人生の中でずっと続くということはありません。残念ながらまだまだ仕事で幸福感を得られるサラリーマンはそれほど多くはないのです。

だとすれば、会社組織でずっと働き続けてきた人が、定年後はもう働きたくないと言うのも無理はありません。ですから、「できるだけ長く働きましょう」と言われても、本当はできるだけ働きたくないという気持ちが心の中にあるのです。

## 〝サラリーマン脳〟とは何か？

では2つ目の理由である〝サラリーマン脳〟というのは、一体何でしょう？

それは、突き詰めて考えてみると、「リスクを取りたくない感情」です。私も38年間サラリーマンをやってきたので、その感覚はとてもよくわかります。

商売人が積極果敢にリスクを取る理由はリターンを得るため、すなわち儲けるためです。リスクを取らない限りリターンを得られないというのは永遠の真実だからです。

ところがサラリーマンの場合は、リスクだけ取らされてリターンが得られないということが頻繁に起こります。もっと最悪なのは、自分がよかれと思って提案した企画は却下され、上司の思いつきの企画の責任者にされた挙げ句、わずかな裁量権と引き換えに責任を取らされるというケースでしょう。こんなことが続けば、自分でリスクを取って何かやろうとか、新しいことにチャレンジしようという意欲は消えてしまいます。

上から指示されたとおりにしかやらない。これがサラリーマン脳です。

これは、よく言われる「お役所仕事」や「大企業病」というのとは少し違います。規模の大小を問わず、会社という組織に長くいれば自然とそうなってしまうのです。むしろ大企業よりも中小企業でオーナー経営者の下で働く方が「サラリーマン脳」の度合いが強くなるかもしれません。

したがって、定年後に一歩踏み出して新しい仕事にチャレンジしようという人は少なくなります。私はいつもシニア向けのセミナーで「定年後は自分の好きなことをやりなさい」と言っていますが、「自分の好きなことをやれと言われても、何をやっていいかわからない」と言う人がほとんどです。

## 定年起業や転職はそれほど高リスクではない

このような理由で、50歳前後の人は「定年後はできれば働きたくない」と思っていますし、「定年後に働くのであれば、自分の好きな仕事や、やりたかったことをやればいい」と言っても「そんなことできるわけがないだろう」というのが本音です。

でも、定年後に自分の好きなように働くのは決して難しいことでもリスクの高いことでもありません。30代や40代で起業すれば、もし仕事がなかった場合、たちまち食べていけなくなりますが、定年後の起業であればそれまでの蓄えや退職金などもありますし、仮にそういうものがなくても、最悪は年金を60歳から繰り上げ受給することもできます。仮に何も仕事が来なかったとしても生活できなくなるというわけではないのです。

長い間ストレスがいっぱいだったサラリーマン生活からようやく解放されるのですから、そこからは自分のやりたいことや好きなことをすべきです。

## “職業の道楽化”が人生最高の幸せ

**「やりたいことと言われても、何がやりたいのかわからない」というのであれば、これから定年までの間にそれをゆっくり考えてみればいい**と思います。

明治時代に日比谷公園を作った本多静六《せいろく》という人がいます。彼は苦学して東大助教授になった後、「月給4分の1天引き貯金」を元手《もとで》に投資で大きな財産（今の額にすると約100億円）を築き、大学を定年退官すると同時に全財産を匿名《とくめい》で寄付したことで知られています。その彼が著書『私の財産告白』(実業之日本社文庫)の中で、「人生の最大幸福は〝職業の道楽化〟にある」と述べています。

つまり、仕事が楽しみになれば、人生でこれほど幸せなことはないと言っているのです。

これは普通のサラリーマンには感覚的になかなか理解できないでしょうが、私のように定年まで終身雇用でサラリーマンを務め、その後に自営業になった人間からすると、本当に強く共感します。

在職中に副業で始めてみるのもよし、定年後にのんびりと準備して起業するのもよし、あるいは今から定年までの間に社外の人とのつながりを作って、そこから転職するのもいいでしょう。従来の「組織人」としての軛《くびき》から離れて、自分にとって楽しい仕事を見つけるというのも、50歳からの大いなる楽しみと考えるべきです。

※1　2020年版中小企業白書(中小企業庁)
https://www.chusho.meti.go.jp/pamflet/hakusyo/2020/chusho/b1_3_3.html

第3章

# 「節約」をしてはいけない

## 3-1 節約なんかする必要はありません

第1章で〝お金の見える化〟が必要だということをお話ししました。また、収入のコントロールは難しいが、支出のコントロールは比較的容易にできるということも述べています。これらは言わば基本観ですから、これだけでは抽象的でよくわからないでしょう。もう一歩進めて、本章では具体的な支出のコントロールの方法についてお話をしたいと思います。

支出のコントロールという話になるといつも出てくるのが「節約」とか「倹約」という話です。でも私は、ある程度の年齢、具体的に言えば50代ぐらいからは、節約なんかする必要はないと思っています。それよりももっと適切に支出のコントロールができる方法があるのです。この節では、その具体的な考え方についてお話しします。

## なぜ世の中には「節約指南本」があふれかえっているのか

節約というのはいつの時代も、家計の見直しという話題になると必ず取り上げられます。また、雑誌などを見ても「節約術」というのは一定の周期で特集として取り上げられるようですし、書店にも多くの「節約指南本」が並べられていることからも、節約が多くの人に関心を持たれていることがわかります。これは一体どうしてなのでしょう。

最大の理由は、恐らく世の中で働く人の9割がサラリーマンだからでしょう。すなわち一定の給料で生活している人たちがほとんどだからです。

第1章でもお話ししましたが、一般的に自営業やフリーランスの人に比べてサラリーマンの収入は安定しているものの、逆に言うと、自分で給料を増やすことができません。給料を決めるのは上司や人事部ですから、頑張れば昇給の可能性はあるものの、自分でコントロールできるものではないからです。

収入を増やすことができないのであれば、支出を減らすのは当然のなりゆきです。そこで、どうやって無駄をなくすか、あるいはどうやって節約するかという話になってくるのです。

ところが、後ほど詳しくお話ししますが、**節約するのと無駄をなくすのとは全く意味が違います。**そのあたりが深く考えられないままに、節約することだけが取り上げられているのは、正直言ってあまりいい傾向ではないと思っています。なぜなら、世の中で一般的に取り上げられている節約というのは実はあまり意味がないものが多いからです。

## 意味のない節約が多すぎる！

節約指南本にも出てくる誰もがよく知っている節約は、風呂の残り湯を再利用しようとか、家の電気をこまめに消そう、あるいは、使わない電気器具のコンセントを抜いておこうといったものです。たしかにそれでいくらかの節約にはなるでしょう。でも、家計全体から見れば本当に微々《びび》たるものです。

例えば大阪市水道局のデータによれば、風呂の残り湯を180リットルとして、半分の90リットルを洗濯・掃除・散水などに使った場合、月に489円の節約になるということです。２０２０年の一般勤労世帯における月間の支出総額は約36万円ですから、その金額の割合は０・１３％にしかなりません。

電気代にしても、エアコンや蛍光灯の電源をこまめに入れたり消したりする方がむしろ電気代がかかるということも言われています。それに、その手間と労力というコストもかかっています。せいぜい月に５００円程度なら、毎日会社帰りにコンビニへ寄るのをやめた方がよほど効果が大きいと思います。

ただ、水道代にしても電気代にしても、「こんなに頑張って節約しているんだ」という精神的な効果はあるでしょう。企業でもありがちです。不況で業績が悪化してくると「コピーは裏紙を使え」だの「トイレットペーパーはダブルではなくシングルにしろ」といったことが社内で言われます。これも実は支出の削減にはほとんど何の効果もありません。ただ、社員の意識を高めるというそれだけの効果でやっているのです。企業がちゃんとコストを下げようと思うのなら、本来であれば製造コストの引き下げや業務プロセスの合理化を進めることが不可欠です。ところがこれらは時間もかかりますし、すぐに成果が見えません。そこで「コピーは裏紙！」というわかりやすい指示になるのです。これではコスト削減を真剣に考えているとは言えません。家庭の電気代や水道代も同様です。

## 節約をするとストレスが溜まる

それに、私があまり節約を勧めないのは、それをすることでストレスが溜まるからです。

先ほど、節約と無駄をなくすことは違うと言いましたが、何が違うかと言うと、「ストレスが溜まるかどうか」です。節約というのは欲しいもの、やりたいことでも我慢することになりがちです。例えば週1回家族で行っていた外食を月1回にするというのは楽しみが減りますし、欲しい洋服があって買いたくてもそれを我慢するというのはとても残念な気持ちになります。

これが若い時代であればそれもいいでしょう。何かの目的を達成するためにお金を貯めるという目標を立て、そのためにいろいろなことを我慢するというのはやってもいいと思います。しかしながら、年齢も50代になってきてやりたいことを我慢するというのは、どことなく寂しい気持ちになってしまいます。

それに、単に節約をすることには、寂しい気持ちになる以外にもっと大きな弊害があります。それは**「無駄な支出」を冷静に見つめることができなくなる**ことです。

前述したような「風呂の残り湯を使う」「電気をこまめに消す」作戦には、たしかに「こんなに頑張っているのだ！」という精神的な効果はあります。でもそれは単に気持ちの上だけで、ほとんど実効性はありません。にもかかわらず、そんな精神論のみで節約をしていたら、それだけで「こんなに頑張っている私」に満足してしまい、本当に大事な「無駄をなくす」ということに思いが至らなくなってしまいます。結果として、努力した割には支出が一向に減らないという結果になりがちです。数字は正直です。

「無駄をなくす」というのは、**日頃気がついていないけど、あまり意味のない支出をなくす**ということです。それらの多くは「固定費」として日常生活の中に埋没《まいぼつ》してしまっています。具体的には次節以降で詳しくお話ししますが、無駄な保険、使っていないサービス、意味もなく払い続けている会費といった項目がそれにあたります。

## 効果が高く、生活感に変化のない方法を

意識していない固定費は、節約と違って、なくしても全くストレスを感じることがありません。何しろそれまで意識していなかったわけですから、なくなっても寂しさも感じなければ、残念な気持ちにもならないからです。

例えば、携帯電話のオプションプランというものがあります。携帯電話を契約する時に「いつでも解約できますから」と言われてそのままつけてしまっているプランもたくさんあると思います。でも、実際にはほとんど使わないサービスであることが多いでしょう。

よく、大手キャリアではなく格安スマホに変えるべきだということも言われます。それは全くそのとおりでしょうし、自分で事業をしているのでなければ変えてもほとんど影響はないと思います。しかし、そもそも契約を変更すること自体を面倒に感じる人も多いでしょう。であるなら、現状のスマホのままでいいので、少なくとも不要なオプションプランを解約する（これはスマホ上で簡単にできます）だけでも月額1万円以上違ってくることがあります。私もガラケーからスマホに変えた時、契約時についていたオプションプラン

を翌日に全て解約しました。料金を合計してみると月額で1万3000円にもなりました。

このように、支出のコントロールというのは精神論ではなく、合理的な判断に基づいておこなわれるべきものだと思います。

それでは、具体的に「無駄な支出」の数々を見ていきましょう。

# 3-2 不要な保険は人生最大の無駄

無駄な支出で最も大きなものは不要な保険でしょう。

誤解のないように申し添えておきますが、私は保険というのはとても大事なものだと考えています。人類が考え出した偉大な叡智《えいち》の一つだとさえ思っています。なぜなら、保険というのは自分一人の力ではどうにもならない経済的な問題が起こった時にそれを解決してくれるからです。

ということは、自分一人で解決できる経済的な問題であれば、保険に入る必要はないということですね。では、ここから具体的に考えてみましょう。

## 保険が必要な3つの条件

私は、保険を絶対に利用すべきなのは、次の3つの条件が揃《そろ》ったケースだと思っています。

まずはじめは**「めったに起こらないこと」**です。めったに起こらないからこそ、安い保険料でたくさんの補償が得られるのです。しょっちゅう起きることなら保険料がとても多額になってしまいますから、入るべきかどうかは慎重に考えるべきです。

2つ目は**「もし起こったら自分の蓄えでは到底《とうてい》まかなえないこと」**です。実はこれが保険の一番キモになる部分です。自分の蓄えで何とかなるのであれば保険に入る必要はありません。貯金をしていればいいだけです。自分の貯金では絶対無理と言えるほどの巨額の負担があるからこそ、みんなが少しずつお金を出し合い、不幸にしてそんな目に遭《あ》ってしまった人にそのお金を回してあげる。まさに保険の相互扶助《ふじょ》の考え方はここにあります。

そして3つ目は**「それがいつ起きるかわからないこと」**です。あらかじめ起きることがわかっていれば、それに備えてお金を準備することもできます。しかし、往々にして不幸は突然やってきます。それまでにお金の蓄えが間に合わないこともあります。だからこそ保険が必要なのです。

## 最も必要性が高いのは自動車保険の対人賠償

このように考えていくと、入る必要性が高い保険の最もわかりやすい具体的な例は、自動車保険の「対人賠償《ばいしょう》」です。

自動車を運転していて事故を起こし、相手を死亡させるなどということはめったに起きることではありません。でも、もし起きてしまったら、何億円もの賠償金はとても自分の蓄えで払うことは無理でしょう。それに、車を運転している限り、いつこのような人身事故が起きるかはわかりません。だからこそ、車を運転するなら、対人賠償無制限というのは絶対入っておくべき保険なのです。

恐らくほとんどの人は、自分が運転していて死亡事故を起こすなどということは、生涯経験することがないでしょう。そんなめったに起きないことだから年間数万円の保険料で何億円もの賠償金をまかなうことができるのです。これこそが保険の意味であり、重要な役割です。

ところが、車両保険の場合はどうでしょう？　車両保険というのは、言わば自損事故に対する補償です。こちらは人身事故と異なり、割とよく起きることです。車庫入れする時にちょっと擦《す》ったりすることはよくあります。よく起きるからこそ、保険料が高いのです。ですから、中古で車を買った時は車両保険には入らないという人も結構います。

## 生命保険は必要か？

このように論理的に考えていくと、自《おの》ずと保険に入るべきケースと保険が不要なケースが明らかになってきます。

例えば生命保険。会社を定年退職した人にとって、生命保険はほとんど無用と言っていいでしょう。生命保険の役割は、一家の働き手が亡くなってしまった時に残された遺族の生活保障にあります。したがって、独身で扶養者もいない人であれば生命保険は不要ですし、定年になった人で子供が既に独立しているのであれば、やはり生命保険に入る必要はありません。

まだ年齢が若くて子供が小さい、そして奥さんは専業主婦という場合には生命保険に入った方がいいと思いますが、その場合でも、「遺族年金がいくらぐらいもらえるのか？」、会社員であれば「勤めている会社に遺族補償や弔慰金《ちょういきん》といった制度がないか？」といったことを調べ、いくらぐらいの金額が受け取れるかを把握した上で、足りない分だけ掛け捨てで保険料の安い生命保険に入ればいいのです。

年輩の人で生命保険が必要なのは数億円の資産を持っている人です。そういう人が相続税対策として入ることは有効ですが、普通の人であれば、高齢者に生命保険は必要ありません。もちろん私も生命保険には全く入っていません。

## 医療保険よりも貯金が大事

同様に、医療保険も入るかどうかも慎重に考えるべきです。

多くの人は誤解しているようですが、**民間の医療保険というのは別に治療費をまかなうためのものではありません。**治療費をまかなうのは公的な医療保険、つまり会社員であれば健康保険組合などであり、自営業の人などは国民健康保険です。一度自分の給与明細を見るとわかると思いますが、健康保険料としてかなりのお金が引かれているはずです。これが病気になった時のための保険料です。

では、民間の医療保険というのは、一体何のためにあるのでしょう？ それは公的な医療保険ではカバーできない部分をまかなうためです。具体的に言えば、入院した時の食事代、同じく入院して個室に移る場合の差額ベッド料、そして病院に通うためのタクシー代といった部分です。これらは公的な医療保険ではカバーされません。でも、よく考えてみてください。これらの費用は貯金があれば何の問題もありません。

それに、治療費に関しても公的医療保険には「高額療養費制度」というのがありますから、入院して高額になったとしても自分が負担する治療費はせいぜい10万円に満たないぐらいです。

さらに言えば、大企業に勤める人であれば自社の健康保険組合があり、独自の「付加給付」がある場合もあります。この場合、企業によって金額は違いますが、多くは自己負担の上限が2万円とか3万円と定められています。この場合、どんなに医療費がかかっても自分が負担する金額はその金額までですから、民間の医療保険に入る必要は全くありません。

実際、民間の医療保険が国内の保険会社で販売されるようになったのは2000年頃からです。だとすれば、それまで病気になった人はどうしていたのでしょうか？　決して治療が受けられなかったわけではありません。公的な医療保険でカバーされていたのです。

民間の医療保険に入っていないからといって無保険というわけではありませんし、心配する必要は全くないのです。

## 高度先進医療についてはどうか？

最近では、高度先進医療にお金がかかるので医療保険に入った方がいいという意見も多く聞かれます。

たしかに高度先進医療には公的医療保険が適用されません。でも、これは順序が逆なのです。

なぜ高度先進医療に公的医療保険が適用されないのかを考えてみましょう。それは、その治療の効果が確認されていない実験的なものだからです。十分な効果が見込まれるものであれば、公的医療保険が適用されるはずです。

患者さんにしてみれば、藁《わら》をもつかむ気持ちで、実験的な治療でも試してみたいという気持ちはよくわかります。でも、お医者さんによっては、そういう治療を勧めない、あるいはやりたくないという人もいるでしょう。なぜなら失敗する可能性も大きいし、そうなった場合、最悪、医療訴訟ということも考えられるからです。実際に私の友人には何人も医師がいますが、一様に高度先進医療には慎重な姿勢です。

## 高齢期に必要なのは「保険」よりも「現金」

このように冷静に論理的に考えると、入るべき保険と入る必要のない保険が見えてきます。ところが、どうやら日本人は世界一保険が好きな国民のようで、かなり過剰に保険に入っているように思えます。

公益財団法人生命保険文化センターが3年に一度「生命保険に関する全国実態調査」を

おこなっています。直近の2021年度の調査[※1]を見ると、生命保険で払い込む保険料は全世帯平均で年間37・1万円となっています。これが中高年齢層になると増える傾向があります。50代前半では43・2万円、50代後半になると43・6万円。60代前半では38・4万円といったん減少しますが、60代後半には再び43・6万円と増加しています。

前述したように、高齢期になれば生命保険に入る必要があるかどうか疑問です。むしろ、高齢期に必要なのは保険ではなくて現金です。保険はその保険がカバーする事態が起こった時にしか支払われませんが、**現金を貯めておけば何にでも使うことができます。**

毎年40万円以上も保険料を払い続ける、それも自分が死んだ後に支払われる生命保険にそんな金額を払い続けるよりも、その分を貯金しておけば、50歳から70歳までの20年間で800万円以上になります。

病気になった時は公的医療保険で治療費をまかない、個室に移りたい場合やタクシーで病院に行きたい場合は、生命保険料の代わりに貯めていた貯金から使えばいいだけです。そう考えると、医療保険もやめてしまえば、おそらく1000万円を超える金額を貯めることができるでしょう。

病気になった時の治療費は公的保険でまかなえるのですから、そのお金は入院した時の個室代に使えばいいし、幸いにして病気にならなければ、そのお金を、定年後に夫婦で旅行に出かけたり、遊びに来た孫に好きなものを買ってあげたりといった、人生における多くの楽しみに使うべきではないかと私は考えます。

※1 生命保険に関する全国実態調査速報版（令和3年度版）生命保険文化センター
https://www.jili.or.jp/files/research/zenkokujittai/pdf/r3/sokuhoubanR3.pdf

## 3-3 金利も大きな無駄になる

無駄な支出で保険の次に大きいものは金利です。

今はほとんどゼロ金利の時代ですが、ここで話題にする無駄な金利というのは、言うまでもなく、受け取る金利ではなく、自分が支払う金利のことです。場合によっては保険以上に無駄なお金を使ってしまいかねないのがローン、リボ払いといった借金をすることで払う金利なのです。

具体的にどれぐらい無駄になるのかを考える前に、そもそも金利というのはどういう意味を持っているのかについて考えてみましょう。

### 金利はお金の使用料

今さら「金利とは何か？」などと説明を受けなくても、それぐらいはわかっている、という人が多いと思いますが、金利の意味とその仕組みをきちんと理解していない人は意外と多くいます。その本質を正しく理解していないと金利の支払いで失敗することも多いので、すごく基本的なことからお話ししていきたいと思います。

金利とは何か？　ということをひと言で言えば、「お金の使用料」です。

本来お金というものは、自分が持っていて、そのお金でモノやサービスを購入するわけですが、今お金がなくてもそれらの物を手に入れたければ、お金をどこからか借りてきて購入するしかありません。つまり、人のお金を使わせてもらうことになります。その使用料が金利です。

もちろん、借りなくても時間をかけてお金を貯めてから購入するということもできますが、一刻も早く手に入れたいのであれば、お金を借りるしか方法がありません。別な言い方をすると、「お金を貯める時間」を買うのがお金を借りるということですから、その時間の対価が金利であると言ってもいいかもしれません。

## 費用を上回る利益が見込めるなら借金は有益

一般的に経済行為をやるべきかどうかの判断には大原則があります。それは費用を上回る利益があるかどうかということです。お金を借りる場合、金利はその費用です。つまり、金利という費用を上回る利益があるのならお金を借りる意味はありますが、そうでなければお金を借りて金利を払う意味はありません。

具体的に考えてみましょう。企業の場合がわかりやすいでしょう。

ある企業が新しい事業を始めるとします。その事業で見込める利益率は10％だとします。すると、自己資金が1000万円あって、そのお金を事業に投資するとすれば、100万円の利益が得られます。

一方、その企業が銀行から1億円のお金を借りてその事業に投入したらどうなるでしょう。その場合のお金の使用料（＝借入金利）が5％だとすると、金利（費用）は1億円の5％で500万円です。でも、利益率が10％ですから、1億円を投入すれば1000万円の利益が出ます。金利の500万円を差し引いても利益が500万円出ますから、自己資金だけで事業を始めた場合に比べ、5倍の利益が得られるということになります。

## 個人の場合、借金は必要？

ところが個人の場合は、自営業でもない限り、事業をするためにお金を借りることはありません。自分が買いたいもの、例えば住宅を購入するために住宅ローンを組んだり、自動車の購入にオートローンを使ったりといった、何らかの商品やサービスの購入にまとまったお金が必要となる場合には、お金を借りることになると思います。この場合も、前述の経済行為の大原則、「費用を上回る利益があるか」を考えることが必要です。

例えば家を買う場合の利益は、「歳をとっても自分が住む家があるという安心感」が一番大きなものでしょう。自分にとってその安心感に価値があると思えば、住宅ローンを組んでお金を借りればいいのです。よく「持ち家」か「賃貸」かで、両派の間で議論がおこなわれていますが、これはそもそも価値観の異なる人たちの議論ですから、おそらくいつまで経っても結論は出てこないでしょう。

同様に、旅行に行ったり自動車を買ったりする場合にローンを利用するのは、「今すぐ行きたい」とか「今すぐ車が必要」だけど、現在手元にお金がない場合です。「欲しいものは欲しい」と言って金利を払ってでも借金するのか、「金利という費用は無駄だから我慢して貯めてから買おう」と考えるかは、その人の価値観次第です。

ただ、私は何でもかんでもローンを使って手に入れるべきだという考えには賛同しかねます。なぜなら人間の欲望には限りがないからです。欲しいものを手に入れてもまた新たに欲しいものが出てくる、ということを繰り返していると、借金がいつのまにか膨《ふく》れ上がってしまいます。

## 個人向けローンの金利が高いのはなぜ？

それに、個人が利用するローンは、これほど低金利の時代であっても異常に高いのが問題です。

本来、金利というものは、お金を借りる人の信用度によって高くも低くもなります。返済リスクの低い借主《かりぬし》ほど金利が低くなるのは当たり前です。ところが個人のローンの場合、その多くは細かい信用調査などをおこないません。あらかじめ金利の水準を表示しています。

住宅ローンの場合であれば、融資する物件を担保に取りますし、団体信用生命保険に加入したりしますから、貸す側にはあまりリスクはありません。したがって金利水準もかなり低くなっています。ところがカードローンや消費者金融、リボ払いなどの場合、住宅ローンとは比較にならないくらい金利が高いのが普通です。

なぜ高いのでしょうか？　それは借りる相手の信用度をかなり低く設定しているからです。

普通、こうした借金の場合、担保は取りません。一定の信用調査をすることもありますが、簡単な身分証明書だけで借りられることも多いです。したがって、貸した先のうち、一定割合は返済できないということを見越して、金利を決めているのです。

いくらあなたが一流企業に勤めていて土地をたくさん持っていても関係ありません。それなら何も金利の高いカードローンや消費者金融を利用する必要はないでしょう。個別に銀行との相対《あいたい》取引を申し込めばいいだけです。

一般向けのローンは、現実には貸し倒れリスクのかなり高い人に対しても貸し出しているので、そういう人たちに貸し倒れが発生するリスクの分まで、他の利用者が高い金利を払うことによってカバーしているということです。

考えてみれば、本来貸す方が負うべきリスクを他の健全な利用者に負担させるというのは納得がいかないとも思えますが、小口の融資においていちいち信用調査をするのはコスト的にとても合わないからでしょう。

## 特に気をつけるべきはリボ払い

中でも気をつけるべきなのが、「リボ払い」と呼ばれるものです。これは名前にローンとかクレジットとついていませんので、払い方のバリエーションの一つのように聞こえますが、まぎれもなく高利の借金です。年利15％といった極めて高い金利が適用されます。ご存じのとおり、リボ払いというのは毎月一定額の返済ですから、それほど返済額が増えている感覚がないのですが、実は相当負担が大きいのです。

大手クレジットカード会社のＷＥＢサイトで返済のシミュレーションをしてみました。

借入金が100万円で、毎月の返済額を1万円と設定した場合、現在の金利で計算すると返済するのが8年3ヶ月後となり、支払う金利と手数料は62万9099円となります。つまり、借りたお金の6割以上も余分にお金を払わなければならないのです。

さまざまな家電製品や洋服を欲しいがままにリボ払いで購入し、その金額が合計100万円になった場合、あなたは62万円も余分にお金を払わなければならなくなるのです。いくら欲しいものがあるからといって、それだけのお金を余分に払う価値があると思いますか？

リボ払いが始末に悪い理由を整理すると次の4つです。

①借入金が増えても毎月の返済額は変わらないため、借金しているという意識が薄れる
②その結果、知らず知らずのうちに借入額が増えがちとなる
③借入額が増えると返済期間が長くなるため、返済完了までの利息の負担が大きく増える
④返済総額がわかりにくいため、いかに多くの利息を払っているかが実感しにくい

繰り返しになりますが、借金をして金利を払っても、それを上回る利益（金銭的のみならず精神的な満足感も含めて）があると思えば、ローンを利用するのもいいでしょう。ただ、目先の欲望のためだけに必要以上にローンを利用するのはやめた方がいいと思います。間違いなく、金利も人生における大きな無駄の一つですから。

## 3-4 家計簿アプリを使うと見えてくること

老後に向けたお金に関する対策で一番大事なことは節約でも投資でもありません。最重要な対策は**「生涯にわたる収支の把握」**です。収支とは、言うまでもなく「入」と「出」を把握することです。

「入」はある程度読めます。また、会社員などは自分の力で「入」をコントロールすることはなかなかできません。したがって、一般的には「出」をコントロールすることが大切です。

### 「出」のコントロールをするには

しかしながら、「出」をコントロールできている人は少ないというのが実状です。日常生活費をきちんと把握しようと思えば家計簿をつけるのが当然ですが、一般的には家計簿をつけている世帯は1割程度しかないと言われています。実際、セミナーなどに参加している人たちに私が「みなさんの中で家計簿をつけている人はいますか？」と聞くと、ほとんどの人は手を挙げません。

たしかに家計簿をつけるというのはかなりハードルの高いことかもしれません。私自身は13年前から自分で家計簿をつけていますが、始めた頃は面倒でしたし、記入漏れも多く、挫折《ざせつ》しそうになったことが何度もありました。「家計簿をつけてください」と言うのは簡単ですが、実際に続けるのは難しいだろうと思います。

ところが、最近は少し状況が変わってきました。その変化とは、①家計簿アプリが浸透《しんとう》してきたこと、そして、②現金による支払いが減ってカードや電子マネーでの決済が増えたことです。

私も5年ほど前から家計簿アプリを使っていますが、実に便利です。なにしろ銀行口座やクレジットカードなどと紐づけることができますから、支出の全てが自動的に記録されます。カバーされないのは現金を使う場合のみですが、最近では現金を使うことがかなり減りました。私自身も今はほとんど現金を使うことはありません。1ヶ月でせいぜい50

00円ぐらいしか現金は使わず、あとは全てカードや電子マネーで決済しています。

現金に関して言えば、厳密に管理しようと思うと面倒ですが、細かい数字は誤差としてざっくりと把握するのであればそれほど大変なことではありません。

今の時代は、大きな支出にはクレジットカードを使う人が多いでしょうから、家計管理の面倒さは、家計簿アプリの登場で昔とは比較にならないくらい楽になっています。したがって、支出管理をする上では、簡単にスマホで使える家計簿アプリを使うべきだと思います。

## 家計簿アプリの最大のメリットは？

このように、家計簿アプリを使うのは、現在、家計管理の最も優れた方法だと思いますが、家計簿アプリの最大のメリットは「簡単にできる」ということではありません。一番いいことは**「使途不明金」が明らかになる**ことです。

実は、家計簿アプリができる前、家計の収支を簡単に把握する方法として、私は次のような方法を試していました。1年に1回だけやればいい、とても簡単な方法です。

年末に会社からもらう源泉徴収票を見ると手取りの収入がわかります。そこから支出を引くわけですが、家計簿をつけていなければ、どんな支出があるのか何もわかりません。そこで、まずはその年に使った大きな支出、例えば旅行に行ったとか家電製品を買ったといったものを引きます。これは記憶に残っているので割と容易です。加えて、給与天引き以外で返済しているローンや子供の教育費などを引きます。これもほとんどは領収書が残っているでしょうし、返済計画書もあるので、それほど難しいことではありません。

そういう主な支出を引くと日常生活費が出てくるわけですが、実際にその金額を見てみるとその大きさに驚きます。「一体、いつこんなお金を使ったのだろう？」というのが実感です。いくら考えても何に使ったかわからないお金が「使途不明金」です。

家計簿アプリを使うと、この使途不明金が白日《はくじつ》の下《もと》に晒《さら》されることになります。実際に家計簿アプリを使い始めたある人は、「どこで使ったか」の一覧にほぼ毎日のようにセブン-イレブンやローソンの名前がズラーッと並んだことに衝撃を受けたと言います。私の場合は明細にアマゾンがズラーッと並んだので、これはとても妻には見せられないと思いました（笑）。

このように、家計簿アプリを使う最大のメリットは「支出の見える化」にあります。使途不明金が〝見える〟ようになることで、無駄な支出をチェックすることができるようになり、支出のコントロールが容易になるということです。

以前、あるテレビ番組に出た時に家計収支の把握という話題になり、実際に家計簿アプリを使ったという会社員の人へインタビューをしたビデオが流れたのですが、家計簿アプリを使うようになって、毎月の支出が平均すると2万〜3万円減少したと言っていました。前述の話同様に、いかに自分が毎日会社の帰りに無意識にコンビニに寄って、それほど必要でもないペットボトルや菓子を買っていたことが判明したということです。

## 支出の把握が全ての基本になる理由

第1章-4でお話しした「自分のお金を〝見える化〟する」というのは、主に収入を

〝見える化〟しようという話でした。

退職した後は、大きく分けると、①定年後も働いて得る収入、②公的年金、③自分の持っている資産が生み出す資産所得（配当、売買益、不動産の家賃など）、そして④企業年金（そういうものがある会社に勤めている人であれば）といったところが収入の主なものです。

現役の会社員の時代は、ほとんどの人にとって収入は「給与」だけですからシンプルですが、定年後は、その人の働き方や生き方によって、収入の種類も違ってくるし、年金も受取開始時期によって金額が大きく違ってきます。

一方、支出の方は、ライフスタイルが変わらなければそれほど大きな違いはありません。だからこそ、できるだけ現役の早い時期から支出をきちんと把握する習慣をつけておくことが非常に重要なのです。支出の多寡《たか》によって、定年後も働くかどうか、年金受給開始の繰り下げが可能かどうかという選択肢を考える必要が出てくるからです。

結局、どこまで行ってもベースになるのは収支であることを考えると、自分でコントロールできる支出の把握をきちんとすべきなのです。

また、本章のテーマ、「無駄をなくす」という観点から考えても、支出管理に家計簿アプリを使うことは重要です。本章のこれまでの節で無駄な保険や不用意な借金は禁物《きんもつ》だということをお話ししてきましたが、そういった対策が見えているものとは違って、**日常生活の中での無駄というのは、意識しているつもりでもなかなか把握できない**ものです。だからこそ、家計簿アプリを使って、見えなかった使途不明金を明らかにするということが極めて重要なのです。

## 3-5 知識と時間はお金になる

さて、ここまで本章では無駄をなくすという観点からお話をしてきましたが、最後に「知識」と「時間」をうまく活用することで支出を大きく抑えることができるということをお話ししたいと思います。

現役の会社員時代はなかなか自分の自由になる時間を取ることができません。仕事が忙しくても忙しくなくても会社に身柄を拘束されており、日中、ちょっと空いた時間に私用で出かけたり用事を済ませたりする、ということはなかなかできません。

ところが定年退職した後はかなり時間的にゆとりができます。それまでは仕事が忙しかったり、自由な時間が取れなかったりしたため、何かしたいことやしなければならないことも自分でおこなうことができず、お金を払うことで人にやってもらうということが多かったはずです。その多くを**自分でやることによって、実はお金を節約することができるの**です。

もちろん、そのためには時間だけではなく知識も重要です。ただ、その知識を得るための時間もたっぷりありますから、やる気さえあれば、それまで払っていた無用なコストをなくすことは十分可能になります。では、具体的な例を私の体験も踏まえてお話ししていきましょう。

## 旅行も自分で手配すればお得になる

私は2012年に定年退職したのですが、その年に東欧のクロアチアへ1週間の退職記念旅行に行きました。中でも一番行きたかったところがプリトヴィツェ湖群国立公園というところです。テレビの旅番組で見て、その美しさに感嘆《かんたん》し、いつかは行ってみたいと思っていた場所でした。

そこはクロアチアの首都ザグレブからバスで2時間ぐらいかかるところにあります。本で調べてみると、地元の旅行会社によるザグレブからの日本語ガイド付きのツアーが出ていることがわかりました。1泊2日で1人4万8000円というオプショナルツアーです。少し高いような気がしましたが、宿泊や交通費も入れると、まあ、そんなものかと思っていました。

それでも一応自分でも調べてみようと思ってネットで検索すると、ザグレブからプリトヴィッツェまでは1時間に1本ぐらい公共交通機関である路線バスが走っていることがわかりました。このバス代が往復で3600円です。また、宿泊予約サイトで調べるとツインで1部屋が約1万2000円、国立公園の入園料が1人3000円なので、宿泊費を2人で割って、全部合計すると、一人あたり1万2600円です。何と、旅行会社のツアーに比べると4分の1程度で済んだのです。

クロアチアの公共交通機関のサイトには英語版がありますし、現地でも多くの人が英語を話せますから、言葉の面でもそれほど不自由はありません。私自身英語が堪能《たんのう》なわけではありませんが、簡単なやりとり程度なら問題ありません。クロアチア語なんて何にもわかりませんが、英語なら何とかなります。

このように、ほんの少し手間をかけて自分でネット検索し、予約することで、こんなに安くなるのです。これはほんの一例です。格安航空券のサイトで調べてみると正規料金の何分の1といった価格も珍しくありません。国内でもシニア向けにさまざまな割引きプランがありますが、実は、そういう割引きプラン以上に、ネットを使ってスマホでチケットレスで乗車する方が安かったりすることもあります。

忙しい現役時代であれば、そんな手数をかけずに、電話一本で手配してくれる旅行代理店に頼むのがよかったでしょうが、リタイアして時間がたっぷりあるのなら、こういう方法で費用を抑えることが十分可能です。

それに、そもそも旅行の最大の楽しみは非日常性にあります。団体のパッケージツアーではそういう楽しみがありません。旅行に出かけるのであれば、団体ツアーよりも個人旅行の方がずっと楽しいこと請《う》け合いです。特にシニア層は、たっぷりある時間を活用して楽しめばいいのです。

中には海外だと言葉が通じないので不安だという人もいるでしょうが、今はスマホでGoogle翻訳に音声入力すれば簡単に翻訳してくれます。翻訳の精度を云々《うんぬん》する人もいますが、何もビジネスの交渉をしようというわけではなく、普通の旅行程度の会話ですから、Google翻訳程度で十分です。

# 図書館や広報誌を活用すべし

旅行だけでなく、日常生活においても、ちょっとした情報を手に入れたり活用したりすることで支出を抑えることが可能です。

私は読書が好きで、現役時代、多い時には年間２００冊ぐらい読んでいました。全て単行本ならおよそ30万円程度の出費になりますし、新書や文庫本を交《まじ》えたとしても20万円ぐらいにはなります。ところが近所の図書館を使えばいくらでも無料で読めますし、ＤＶＤなども貸し出してくれますから、とても便利です。もちろんベストセラーや最近出たばかりのものであればすぐには読めないことも多いですが、別に急ぐ必要もないので待てばいいだけです。今は仕事が忙しくなり、現役時代同様、なかなか図書館へ行く時間がなくなってきましたが、会社を定年で辞めた10年前は、しょっちゅう近所の図書館へ出かけていました。

また、意外といい情報が掲載されているのが、自分の住んでいる市区町村が発行する広報誌です。その多くは「市政ニュース」とか「広報〇〇」といったタイトルで地域情報が載っていますが、その中には無料で受けられるサービスや、市民会館で開催されるさまざまなイベントの情報もあります。時には、なかなかチケットを手に入れるのが難しいアーティストや落語家の公演などの情報も掲載されていることがあり、比較的容易にチケットが手に入ることもあります。現役の会社員時代はこんな地元の広報誌などほとんど見たことはありませんでしたが、リタイアした後に丹念に読んでいくと、かなり面白くて役に立つ情報がたくさんあります。

**現役時代は時間をお金で買っていたものが、定年後は逆に、時間でお金をセーブすることができる**ということです。

## キーになるのは〝何でも自分でやること〟

このように知識と時間はお金に換えることができるのですが、それが成立するためには絶対的な条件があります。それは〝何でも自分でやる〟ということです。

私のかつての同僚だった人と定年後に会ったことがあります。会食の席で話題が旅行のことになり、現役時代に比べると時間が自由になるので旅行に行けるようになったのがうれしい、と私が言った時の彼の発言に驚きました。

「いやあ、退職したら新幹線の切符も全部自分で買わなきゃいけないから面倒くさくて旅行に行く気にならん」と言うのです。

私が、「だって、自分の切符なんだから自分で買うのは当然だろ？」と言うと、「いや、現役時代は全部秘書が取ってくれていたからね」と言います。彼は当時、既に役員だったのです。同席していた別の友人も退職前は部長をやっていたので、やはり切符は全部庶務係の社員の人が取ってくれていたと言うのです。まさに「だめだ、こりゃ」という感じですね（笑）。

一時が万事で、全部人にやってもらっていたということなのでしょう。経営者としてそんな雑事に関わるのは時間がもったいない、というのはそのとおりですが、果たしてそれほど立派な仕事をしていたのかどうかも疑問です（笑）。

結局、現役時代はどうあれ、**定年後に最も大切なことは、何でも自分でやる、一人の人間として自立する、ということ**です。これは無駄な支出が防げるというだけでなく、定年後の充実した生活のためにもとても重要なことと言っていいでしょう。

# 第4章

# 年金を損得で考えてはいけない

## 4-1 一番大事な保険は「社会保険」

前章で不要な保険は人生で最大の無駄だというお話をしました。ここで間違えてはいけないのは、あくまでも〝不要な〟保険ということです。必要な保険は入っておく必要があるし、入るべきです。

簡単におさらいしましょう。保険に入らなくてはいけない場合というのは、どういうケースだったでしょう。それは、「めったに起こらないこと」。でも、「もし起こったら自分の蓄えでは到底まかなえないこと」。そして、「それがいつ起きるかわからないこと」でしたね。一番わかりやすい例として自動車保険の対人賠償を挙げました。

他にも、やはり入っておいた方がいい保険はあります。

例えば生命保険は、妻が専業主婦で子供がまだ小さい場合、夫が何らかの原因で急に亡くなると、もし十分な蓄えがなければすぐに生活に困ってしまいますから、一定期間の生活をまかなうために必要でしょう。

また、病気で長い間会社を休むような事態が起こった場合、所得補償の役割を持つ保険も必要な場合があります。あるいは、損害保険で言えば、家を新築した時には火災保険に入っておいた方がいいでしょう。この他にも必要な保険というのはあると思います。

大事な保険というのはいろいろあるものの、全てに最優先する最も大事な保険があります。それは「社会保険」です。

## 「社会保険」とは何か？

社会保険というのはよく使われる単語ではありますが、一般的にはこの言葉を聞いてもあまりピンと来ない人が多いかもしれません。

社会保険とは、万が一の不幸な出来事に備えるための公的な保険制度のことです。具体的には、①医療保険、②年金保険、③介護保険、④雇用保険、⑤労災保険の5つを総称して言います。これらの保険は、それぞれ、①病気や怪我《けが》をした場合、②高齢になって収入がなくなった場合、③高齢に伴って介護の必要が出てきた場合、そして、④失業して収入が途絶えた場合や⑤労働災害による病気や怪我といったリスクに備えるための制度です。

ただ、これらは広い意味での社会保険として認識されてはいますが、通常、多くの会社員にとって社会保険というのは①の医療保険（健康保険）と②の年金保険（厚生年金保険）のことを指します。

間違えやすいのは社会保険を社会保障と混同してしまうことです。

社会保障は社会保険よりも広い概念です。例えば社会保障の一つである「社会福祉」という制度は、障害者、母子家庭など、さまざまなハンディキャップを負っている人々が安心して社会生活を営《いとな》めるよう、公的な支援をおこなう制度です。また、「生活保護」のように生活に困窮《こんきゅう》する人々に対して最低限度の生活を保障し、自立を助けようとする制度も社会保障の中に含まれます。

もちろん、社会保険のように、人生において起こる不幸な出来事をカバーするための制度も社会保障の中に含まれます。

社会保険が他の社会保障と大きく違うのは、強制加入でみんながお金を少しずつ出し合うように義務づけられていることです。そして不幸な出来事に遭ってしまった人にお金を回してあげる。まさに相互扶助の仕組みですから、保険そのものです。

## なぜ「社会保険」が一番大事なのか

この小見出しの答えをひと言で言えば、俗な言葉ですが、「お得だから」です。

通常、保険という仕組みは大数《たいすう》の法則によって数理計算をおこない、起きる確率とその費用を考えて保険料が決まるわけですが、民間の保険会社は営利企業ですから、その保険料には当然さまざまな運営費用や自社の利益が上乗せされています。

これに対して、社会保険を運営しているのは国です。利益をあげるためにおこなっている事業ではありません。民間の保険会社が運営する保険よりも有利になるのは当たり前です。

例えば民間の保険会社で販売されている医療保険は歳をとってから加入するほど保険料が高くなります。これは歳をとると病気のリスクが高まるから当然です。「だから若くて保険料の安いうちから入っておきましょう」と勧められることがありますが、公的な医療保険の場合、保険料負担の多寡は年齢ではなく、報酬によって決まります。

一方、給付について言えば、実際にかかった治療費のうち、現役世代は自己負担の割合が3割ですが、70歳以上は原則2割、そして75歳以上の後期高齢者になるとその負担は1割です。歳をとって病気になるケースが増えるにもかかわらず自分が負担する治療費が安くなるわけですから、言わば民間の医療保険とは正反対です。

その理由は、前述したように運営する主体が利益をあげることを目的としていないこと、そして、国の社会保険制度には税金が投入されているからです。社会保険料で全てまかなえればいいのですが、歳をとって収入が激減した人も同じような治療が受けられるよう保障するために税金が使われているということです。

## 年金だって民間とこんなに違う

医療保険だけではなく年金の受取額でも考えてみましょう。厚生年金の場合は報酬によって保険料や支給額が違ってくるので、わかりやすく説明するため、国民年金の例で考えてみます。

まず民間の保険会社が販売している終身で支給される個人年金保険ですが、ある保険会社の例で見ると、65歳まで加入し、そこから終身で年金が受け取れます。仮にこの個人年金保険に35歳から65歳まで30年間加入したとします。毎月の保険料は約2万3000円なので30年間の払込《はらいこみ》保険料の総額は830万円ぐらいになります。

一方、受け取りは年間40万円なので、払い込んだ保険料を上回るには21年かかることになります。つまり86歳まで生きていないと、いわゆる〝元がとれない〟ということになるのです。

これに対して国民年金の場合、払込は60歳までで、65歳から終身で支給されます。こちらも同じ期間の30年間払い込んだ場合、保険料の総額は過去30年間の推移で計算すると約439万円となります。支給される年金は65歳から毎年58万5000円ほどですから、払い込んだ保険料を上回るまで7年半、つまり73歳で元がとれるということになります。

年金は保険ですから元がとれるとかとれないとかはあまり意味のない議論なのですが、それでも民間の個人年金保険に比べると同じ30年間で払い込む保険料は半分近くなのに受け取る金額は1・5倍ぐらいになるわけですから、どちらが得かは一目瞭然《いちもくりょうぜん》です。

ここでは同じ30年間で比較しましたが、国民年金は本来20歳から60歳までの40年間加入が原則なので、フルに加入すれば毎年の年金額は77万7800円になります。

自営業の人の中には国民年金の保険料を払わずに保険会社の個人年金保険に入っている人もいると聞きます。民間の個人年金保険に入るかどうかはその人の自由ですが、少なくともまず優先すべきは国民年金保険料を払うことだというのはおわかりいただけると思います。

## 年金が持っている3つの機能

次に、年金が持っている生命保険の役割についてお話ししましょう。

厚生年金保険には大きく分けて3つの機能があります。この3つの機能は国民年金でも同じですが、厚生年金の方が保険料を多く払う分、支給額も大きくなっています。

3つの機能の中で最も重要な役割は「老齢年金」と呼ばれるもので、定年になり、仕事を完全に引退した後の生活をまかなうために支給されるものです。この機能を通常、我々は「年金」と呼んでいます。

これ以外にも、病気や怪我で障害を負《お》ってしまった時に支給される「障害年金」という機能もあります。

これら2つはいずれも、本人が何らかの事情で働けなくなったり働きづらくなったりした時に支給されるものです。

これに加えて「遺族年金」という機能もあります。これは本人が亡くなった時の遺族に対する補償の役割を果たします。言わば、民間保険で言う生命保険の役割なのです。ということは、雇われて働いている人は誰もが厚生年金保険に入っているわけですから、ある程度は生命保険の機能が既にあるわけです。

したがって**生命保険に入る必要があると判断した場合でも、まずはこの遺族年金がどれぐらい支給されるのかを考えて、その後にどれぐらいの保険金で入るかを決めればいい**わけです。

## 生命保険はいくらぐらい入っておけばいいか

例えば夫が会社員で妻が専業主婦、小さい子供が2人いるという前提で考えてみましょう。

こういう設定だと、夫に万が一のことがあった場合、生命保険が必須と考えるべきでしょう。ただ、遺族年金がどれぐらい支給されるかを知っておくべきです。

この場合、遺族基礎年金は年間約123万円支給されます。遺族厚生年金はそれまでの加入期間や報酬金額に応じて異なりますが、ここでは年齢33歳、それまでの加入期間（156ヶ月）に基づく厚生年金額が年額約28万円という前提で考えると、受け取る遺族厚生年金は年間約40万円となります。遺族基礎年金とあわせると約163万円です。

こういうシチュエーションで夫が亡くなると、多くの場合、妻は働くことになるでしょうが、それまでに数年かかるかもしれません。もし小さい子供2人と妻1人の3人家族で年間の支出が300万円だとすると、5年間、何もしなくても食べていくためには、150

0万円は必要です。遺族年金が年間163万円あるとすると、5年分で815万円ですから、残りの700万円ぐらいを生命保険で受け取れれば、生活費が最低限まかなえます。

もちろん保障額は自分なりに考えて多めにしてもいいと思いますが、少なくとも遺族年金、そして場合によっては会社から何らかの弔慰金とか一時金があるかもしれないということも考えた上で、必要額を決めればいいのではないでしょうか。

50代以降になると「ねんきん定期便」に自分が将来受け取れる年金額が載るようになります。遺族厚生年金は、その金額の4分の3を受け取れることになりますので、その金額を確かめた上で、現在の家族構成も考えて、今入っている生命保険が必要か不要かという見直しを考えるのがいいと思います。

我が国においては誰もが社会保険に必ず加入しています。まずは自分が入っている制度の内容をしっかりと理解し、確認した上で、民間の保険会社の保障を考えるのがいいと思います。最も大事な保険は「社会保険」なのですから。

# 4-2 年金の本質は「保険」

世の中にあるあらゆる保険の中で一番大切なのが社会保険だということをお話ししましたが、その中でも特に重要なのが年金と公的医療保険です。そこで、この章ではここから年金と医療保険について少し詳しく見ていきましょう。

## 「貯蓄」と「保険」はどこが違う?

実は世の中の大半の人が勘違いしていることがあります。それは年金を「貯蓄」だと思っていることです。年金の本質は「貯蓄」ではありません。「保険」なのです。

では、「貯蓄」と「保険」は一体どう違うのでしょう?

その違いはとてもシンプルです。

「貯蓄」:将来の楽しみに備えて自分で蓄えるもの

「保険」：将来の不幸に備えてみんなで準備するもの

いずれも将来の○○に備えて○○で用意するという点では同じですが、その○○が全く異なります。貯蓄は将来の楽しみであるのに対して、保険は将来の不幸に備えるためにあります。例えば「来年は家族でハワイ旅行に行こう」とか、「3年後に長男が大学へ入る予定」という楽しみのためにお金を貯めるのが貯蓄です。

もちろん貯蓄だって将来の不安に備える場合もあります。それはそのとおりですが、より大きな違いは、貯蓄が自分で蓄えるものであるのに対して、保険はみんなで準備するものということです。

これは何を意味しているのでしょうか。

少しの不幸や困ったことであれば貯蓄でまかなうことができるのに対して、あまりにも大きな経済的な損失の場合は自分で対応することができません。だからみんなでお金を出し合って（これが保険料です）、そういう不幸な目に遭ってしまった人にそのお金を回してあげる。これが保険の一番大切な役割です。

例えば第3章‐2で例に挙げたように、自動車を運転していて死亡事故を起こしてしまったら、その賠償金は巨額なものになり、到底自分でまかなうことはできません。だから自動車を運転する人は必ず対人賠償保険に入るべきなのです。

## 年金はどんな「不幸」に備える保険？

では、年金というのは一体どんな不幸に備える保険なのでしょう？

**最大の不幸は〝長生きすること〟**です。

「え！　長生きすることが不幸っておかしくない？　それは幸せなことじゃないの？」と思われたのではないですか？

たしかに長生きするのは幸せなことですが、それは健康でお金があった場合の話です。いくら長生きしても、20年もずっと寝たきりということではあまり幸せとは言えないでしょうし、長生きしたことで自分の蓄えがなくなってしまったら、ちょっと悲惨なことになりかねません。つまり経済的に不幸にならないように備えるのが年金の役割なのです。だから公的年金は終身、つまり死ぬまで支給されるわけです。

ここでは不幸という言葉で表現しましたが、正しくは「リスク」に備えるのが保険の役割です。一般的にリスクという言葉は危険とか損失という意味に捉えられがちですが、資産運用の世界においてリスクというのは「不確実性」のことを言います。

実は「死ぬこと」自体はリスクではありません。なぜなら、人間は誰でもいずれ死ぬことが確実だからです。問題は「いつ死ぬかわからないこと」であり、これが「リスク」なのです。「早く死んでしまう」というリスクもある一方で、「長生きして生活費が増大してしまう」というのもリスクです。このうち、早く死んでしまうリスクに備えるのが年金においては「遺族年金」という機能であることは、前節でお話ししたとおりです。また、それを補強する意味で民間の生命保険も必要な場合があります。

一方、「長生きして生活費が増大してしまう」というリスクは割と深刻です。一般的に老後に備えて貯蓄や投資をしておこうという人は多いですが、**自分が貯めたお金というのは使ってしまえばいずれなくなります。**もちろん一生涯使っても使い切れないぐらい巨額の資産があれば別ですが、そんな人は稀《まれ》でしょう。だからこそ、何歳まで長生きしても変わらない金額で支給される年金の存在というのはとても重要なのです。

## 年金がなかった時代はどうしていたか

現在60歳以下の人は生まれた時から公的年金制度というのがありましたが、実は国民年金ができて国民全員が年金に入れるようになったのは1961年ですから、それほど大昔のことではありません。

では、公的年金がなかった時代、歳をとって働けなくなったら、どうやって生活していたのでしょう。

もちろん、老後に備えてお金を蓄えていたり、自営業の人であれば生涯現役で働き続けたりすれば何とかなったでしょう。でも前述したように、自分の蓄えはいつかはなくなりますし、自営業は定年がないと言っても、健康を害してしまったら働けなくなります。したがって、年金がない時代は、子供が親の生活を支えていたのです。特に戦前は家督《かとく》相続という仕組みがありましたから、長男が親の財産の全てを相続する代わりに親が死ぬまで生活の面倒を見るというのが長い間の日本の社会制度でした。つまり、この時代の考え方は「互助《ごじょ》」という考え方だったのです。

ところが高度経済成長期が始まり、学校を卒業した人が都市に集中するようになると、年老いた両親の生活を支えるということができなくなってきました。そこで、高齢者を家族ではなく社会全体で支えようという方向に向かい、家族で支える「互助」という考え方から社会のみんなで支える「共助」という仕組みに変わってきたのです。共助という考え方はまさに保険の考え方そのものと言っていいでしょう。

年金制度が誕生した時のことを知らない人は多いでしょうが、介護保険制度は2000年に誕生したのでご記憶の方も多いと思います。これも、高齢化が進展したことによって親の介護を子供が全面的におこなうことが経済的にも肉体的にも困難になってきたことから、互助から共助に移ってきた例だと言えます。

## 年金は損得で考えるべきではない

ここまで年金が保険であることをお話ししてきましたが、多くの方は「年金」を自分が保険料を貯めて将来受け取る貯蓄だと勘違いしています。

保険を貯蓄だと勘違いしたら、なぜ具合が悪いのでしょうか。それは、年金を損得で考えてしまうからです。

貯蓄とか投資というのは、自分が出したお金にどれぐらい利息がつくかとか、投資した株式がどれぐらい値上がりするかがとても大事ですから、損得を考えるのは非常に重要です。ところが年金は保険ですから、損得で考えてはいけないのです。保険の目的は何か悪いことが起きても経済的な心配をせずに済むという安心感です。

例えば、生命保険で一番儲かるのは、契約してほとんど保険料を払い込まないうちに死ぬことです。損得で言えばこれが一番得ですが、そもそも死んでしまっているのですから損も得もありませんし、家族だって誰も「早く死んでくれてよかった」とは思わないでしょう。「がん保険に入ったけどがんにならなかったから損した」とも思わないはずです。

繰り返しになりますが、保険が万が一に備えるものだとすれば、年金は〝万が一〟長生きした時に備えるものなのです。

## 繰り上げ繰り下げも損得ではなく後悔の有無で考えるべし

年金は、本来65歳からの支給開始が原則ですが、それよりも繰り上げて早く受け取るか、繰り下げて遅く受け取るかも選ぶことができます。これについては後ほど詳しくお話ししますが、私は働いて収入を得ることができるのであれば繰り下げをしてもいいと思います。

よく繰り下げしている間に亡くなったら損だから繰り下げない方がいいと言う人もいますが、保険と考えれば、むしろ長生きするリスクを考え、繰り下げによって金額が増額される方を選ぶのが賢明ではないかと思います。

早く死んでしまっても後悔することはありません。なぜなら、既に死んでしまっていますから、後悔するのはあの世に行ってからのことになります（笑）。

早く受け取らないと損だと思って早く受け取り始めると、減額された支給額が一生続くことになりますから、長生きすればするほど後からもらった人との差が開く一方になります。したがって、後悔するとすればこの世で後悔することになります。

年金の本質は保険であるということが理解できれば、年金に対する間違った思い込みのほとんどは解消すると言っていいと思います。公的年金はとても大切なものですので、ぜひ正しく理解をしていただきたいと思います。

# 4-3 年金が頼りになる3つの理由

国の年金である公的年金については、どうも多くの人がネガティブなイメージを持っているようです。これは長年にわたるマスコミによる不安煽り型報道と金融機関による自社金融商品販売促進のためのネガティブセールストークによることが大きな原因と言っていいでしょう。実際に私もかつて金融機関に勤めていた頃は「年金なんて将来あてになりませんよ」と言ってせっせと投資信託などを勧めていました。恐らく今でも同じようなものだと思います。

ところが今から20年ぐらい前に企業年金の仕事に就《つ》くようになり、同時に公的年金のこともきちんと勉強し始めると、公的年金というのは破綻するわけでも頼りにならないわけでもない、むしろ日本の年金の現状は世界的に見ても優れているということがわかりました。多くの人はイメージだけで判断していますが、実際に数字のエビデンスを見ると、年金はとても安心できるものだということがよくわかります。

年金の実際については、それだけで本が1冊書けるぐらいで、事実、私は2021年に

『知らないと損する年金の真実』(ワニブックスPLUS新書)という本を出しました。その本では詳細をあらゆる角度から書いているのですが、本書においてはポイントになる部分だけを取り上げて、ごく短くまとめたいと思います。ここでは「年金が頼りになる3つの理由」をお話しします。

## ①終身支給で物価連動

公的年金が頼りになる最大の理由は、何と言っても終身で支給されることでしょう。人間は誰でも自分が何歳まで生きるのかはわかりません。「老後に備えて貯蓄や投資をすべきだ」というのはそのとおりですが、貯蓄は使ってしまえばいずれなくなります。自分の貯蓄や投資だけで老後の生活をしようと思っても、想定以上に長生きしてしまうと蓄えが尽きてしまうことが起こり得ます。貯蓄や投資はあくまでも補助的な役割としては有効ですが、どんな状況になっても死ぬまで支給してくれる公的年金というのはやはりとても頼りになる存在なのです。

ただ、終身で支給されると言っても、将来、物価が上昇して貨幣価値が下がってしまったのでは何もなりません。これについても公的年金は、基本的に物価連動で支給金額が決まるようになっています。なぜそうなっているのかというと、公的年金は現役世代の払う保険料でまかなわれるからです。

保険料というのは賃金に一定の割合を掛けて決まります。つまり、賃金の一定割合で決まるわけです。物価と賃金というのは多少のタイムラグはあっても基本的には連動していきます。したがって、どれだけ物価が上がっても、同じように賃金が上昇するため、年金の支給額も物価に連動して上がっていくのです。

## ②年金積立金は十分ある

これも勘違いなのですが、「年金財政は赤字だ」と言う人が少なからずいます。これは大きな間違いです。赤字なのは国の一般会計で、年金会計は大幅な黒字です。年金会計に積み立てられた金額はかなり多く、2022年3月時点で246兆円にものぼります。さらに言えば、この年金積立金を運用しているのはGPIF（年金積立金管理運用独立行政法人）というところですが、過去20年間でこの積立金は１００兆円ぐらい増えているのです。

そもそも年金積立金というのは年金を支払うための原資ではありません。日本をはじめ、世界中、ほとんどの国は現役世代の支払う保険料を年金支給に充《あ》てています。積立金は単なるバッファーであり、余裕資金なのです。年によっては年金会計において収入よりも支出の方が多くなることもありますが、その時はこの年金積立金から充当しますし、逆に支出よりも収入の方が多くなった年は余った分を年金積立金に繰り入れするというやりかたで運営されてきているのです。

ちなみに２４６兆円という年金積立金は、年金受給者に支払うとすれば約５年分に相当します。この余裕の大きさは実は世界一です。アメリカでは積立金の残高は年金支払いの3年分、ヨーロッパの主要国であるドイツやフランスはほとんどゼロに近い金額しかありません。それだけ日本の年金積立金は潤沢《じゅんたく》にあるということです。

今後少子高齢化が進展するにしても、これだけのゆとりを持った日本の年金制度はとても頼りになる存在だと思います。

## ③低所得の人に恩恵が大きい

公的年金制度には「所得再配分機能」が備わっています。所得再配分とはどういうことかと言うと、高い所得を持つ人から低い所得の人に対して所得の分配がされるということです。と言っても、高所得者が直接、低所得者にお金を渡すということではありません。政府がその間に入り、税や社会保障という機能を使って調整していくという役割が「所得再配分」です。

図5をご覧ください。

この図は手取りの給与が35万7000円のAさんと17万9000円のBさんが負担する毎月の年金保険料と将来受け取る毎月の年金額の比較を表しています。AさんとBさんの給料が2倍違うのは比較しやすくするためです。

## 図5 所得が半分でも年金支給額は80%

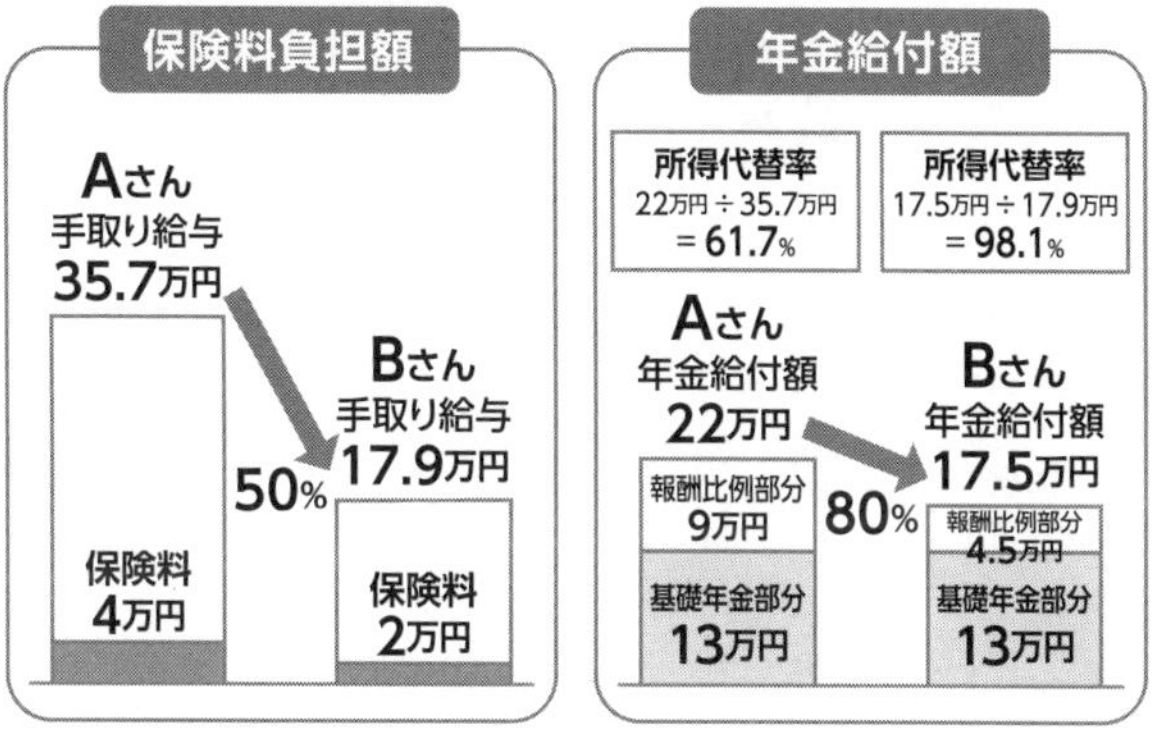


出所：厚生労働省 第9回社会保障審議会年金部会（2019年8月27日）資料4掲載のデータをもとに㈱オフィス・リベルタスが作成

さて、年金保険料の負担額は給料に比例しますから、Aさんが払う保険料4万円に対して給料が半分のBさんは2万円となります。

ところが年金給付額を見てみましょう。Aさんの年金給付額は22万円であるのに対して、Bさんの場合は17・5万円です。Bさんの払った保険料はAさんの半分なのに、支給される年金額はAさんの8割ぐらいですね。現役時代の給与とほとんど変わらない金額です。これは一体どういうことでしょう。

その答えが「基礎年金部分」にあります。

厚生年金保険の場合、給付は報酬比例部分と定額部分に分かれます。報酬比例部分というのは、文字どおり、給料の額に比例して将来の年金給付額が変わる部分です。一方、定額部分というのは基礎年金の部分で、これは現役時代の給料に関係なく一定金額が支給されます。国民年金の支給額が、払い込み期間が同じであれば全て同じ金額になるのと一緒です。

この例の場合、基礎年金部分は夫婦合計で13万円となります。この金額はAさんもBさんも同じです。

一方、報酬比例部分はAさんが9万円、Bさんが4・5万円ですから、これは払った保険料と同じく、Bさんの方が半分になっています。

結果として、Aさんの年金支給額は9万円＋13万円＝22万円、そしてBさんの支給額は4・5万円＋13万円＝17・5万円となるのです。

## 順序を間違えないことが大切

これ以外にも公的年金の持つメリットや優位性はたくさんありますが、代表的なものを挙げるとこれらの事柄になると言っていいでしょう。

もちろん、公的年金はこれからも何があっても絶対安心というわけではありません。自分がこれからもずっと健康でいられるかどうか、自分の勤めている会社がこれからも絶対に潰《つぶ》れることがないかどうかがわからないのと同じです。でも、時代とともに制度は変化してきていますし、決して悪くなっているわけではありません。年金支給額そのものも物価上昇に連動しているため、この何十年かの間に何倍にもなっています。

大事なことは老後のお金の大切さの順番を間違えないことです。一番土台となるのが公的年金。会社員で勤め先に退職金や企業年金の制度のある人は、それが2番目に大事な土台となります。その上に自分で蓄えて資産形成をする、という順番です。

**公的年金が頼りにならないと思って、よくわからない金融商品にお金を預ける方が、よほど恐ろしい事態になる可能性が高い**と思います。まずは自分自身の公的年金の金額を確かめるところから始めてください。

# 4-4 年金を自分で増やす4つの方法

国からもらえる年金である「公的年金」は決まった金額しかもらえないと思っている人が多いと思います。だからこそ、自分で資産運用して老後資金を増やそうとしている人がたくさんいるわけです。

たしかに年金は決まったルールで支給額が決められていますから、一見すると決まった金額しかもらえないように見えます。しかし、実は全くそんなことはありません。方法によっては年金を増やすことは可能ですし、実際に私もそれを実践してきました。

そこでこの節では自分でできる「年金を増やす方法」について考えてみましょう。

自分で増やすと言っても、別にもらった年金で株を買ったり投資信託で運用したりするのではありません。資産運用というものはどんな場合でも常に結果が不確実なので、ここではあくまでも自分の意思と努力で実現可能な方法に絞《しぼ》ってお話をしたいと思います。

## ①頑張って収入を増やす

まず初めは、当たり前すぎるぐらい当たり前の話ですが、仕事を頑張って給料を上げることです。

普通、会社員が加入しているのは厚生年金です。厚生年金には「定額部分」と「報酬比例部分」があります。ちょっとややこしいのですが、65歳になって老齢年金を受給し始めると、定額部分は老齢基礎年金に移行し、報酬比例部分が老齢厚生年金となります。定額部分は読んで字のごとく金額が決まっていて、加入していた月数に比例するだけですから、収入が多い少ないは関係ありません。ところが報酬比例部分は、その人の給料の額によって将来の支給額が変わってきます。具体的な支給額の計算方法は日本年金機構のホームページに載っていますので、参考にしてください。[※1]

給料に比例して増えるのであれば、当然、仕事を頑張って昇給すれば、その分、将来の年金支給額も増えることになります。さらに、早くから昇給している方が、当然、金額が増えることになります。

すなわち、給料の多いか少ないかは、現役時代の暮らしだけではなく、老後の暮らしにも影響を与えるのです。やはり会社員にとって重要なことは、今の仕事を頑張って給料を増やすということでしょうね。

## ②夫婦ともに厚生年金に加入して働く

2つ目の年金額を増やす方法、それは夫婦であれば共働きをすること、それも両方が厚生年金に加入して働くことです。

第2章-5でもお話ししましたが、生涯賃金で見た場合、夫婦で共働きする場合と片働きの場合とでは2億円ぐらいの差になります。これに加えて、年金にも大きな差が出てきます。妻がずっと専業主婦だった場合のモデル年金額は夫婦2人で月額22万円ぐらいですが、単身の場合だと厚生年金加入者であった場合の年金支給額は15万円程度になります。だとすれば、夫婦で厚生年金に加入しており、かつ同じぐらいの収入を得られているのであれば、単純計算でこの2人分ということになりますので、30万円となります。

ところが現在はまだ残念ながら女性の方が平均的な生涯賃金が少ないため、仮に年金支給額が妻の分として12万円だとすると、夫婦合計で27万円となります。こちらのほうがより現実的かもしれません。それでも片働きと比べると月額で5万円増え、65歳から90歳までの累計金額では1500万円もの差がつきます。

共働きか専業主婦かというのはライフスタイルの考え方の問題なので、どちらがいいかということは一概には言えません。ただ、経済的な問題、この場合は「年金額を増やす」という点に限って言えば、共働きで収入を増やすというのは極めて大きな効果を生むと言っていいでしょう。

## ③長く働く

ここまでの2つはいずれも若い頃から心がけておいた方がいいことであり、現在既に50代になっている人にとっては「今さら遅い」という感覚があると思いますが、ここからの2つはそんなことはありません。むしろ、「定年後にどうするか？」によって年金の受取額が大きく変わってくる話です。

自営業者などが加入している国民年金は原則60歳までしか加入することができませんので、加入月数には480ヶ月という上限があります。ところが厚生年金にはこの上限がなく、60歳以降も働き続ければ、70歳までは厚生年金に加入し続けることができます。つまり、定年で全く仕事を辞めてしまう場合に比べて10年間、保険料納付期間を延ばせるのです。どれぐらいの収入かによって金額は変わってきますが、例えば月20万円の給料で70歳まで厚生年金に加入して働いたとすると、年金受給額は年間13万1544円増えます。月30万円だと19万7316円増です。

60歳で仕事を辞めてしまうというのは平均寿命が65～70歳だった頃の話です。会社を辞めた後、人生の晩年の5年か10年を年金で暮らす、というのが一般的だった時代です。ところが今の平均寿命は男性が81・5歳、女性が87・6歳となっています。さらに言えば、これはあくまでも平均寿命です。同じ年に生まれた人の半数がまだ生存している年齢は何歳かというと、男性は84・4歳、女性は90・2歳となっています。つまり2人に1人はこの年齢まで生きているということです。であるならば、今の時代は70歳まで働くのも決して不自然でも無理というわけでもありません。働けるうちはできるだけ長く働いて年金を増やすことを考える時代になってきているのではないでしょうか。

また、学生時代、20歳から会社へ入るまでの間、自分で年金保険料を払っていなかった人は、60歳以降も国民年金に任意加入することができます（ただし、60歳以降に厚生年金に入った場合は任意加入できません）。この場合も、少しではありますが、年金額が増えます。

## ④年金受給開始を繰り下げる

そして最後の「年金受給開始の繰り下げ」が、年金額を増やす方法として最も効果の高い手段です。私自身も65歳から受け取らず、70歳から受け取り始めたことで、その威力を実感しています。

公的年金の支給開始は65歳です。ただ、これは支給開始、すなわち支給する立場からの話であり、受け取る側、つまり受給する側から見ると、60歳から75歳までの間でいつでも好きな時に受け取りを開始することができます。

基準となる支給開始年齢が65歳で、それよりも早く受け取りを開始すると、支給額が1

ヶ月あたり0・4％減額となります。したがって、5年早くして60歳から受け取り始めると、通常の支給額よりも24％減額となり、それが生涯続くことになります。

一方、繰り下げた場合は1ヶ月あたり0・7％増額となりますから、もし70歳から受給を始めた場合は42％増額されますし、75歳からの受給開始であれば84％増えることになります。この効果はかなり大きいと思います。

時々、「早めに年金をもらって株で運用する方がいい」と言う人もいますが、それは大きな間違いです。なぜなら**運用にはリスクがつきものですが、繰り下げの場合はリスクなしで42％増額された金額が確実に生涯にわたって続く**からです。天才的な相場上手で毎年もらった年金を大幅に増やし続けることができるという自信があるなら、どうぞご自由に、ということになりますが、そんな人は1000人に一人もいないでしょう。

繰り上げ、繰り下げのどちらが得かというのは何歳で死ぬかによって変わってきます。でも、人は誰も何歳まで生きるかわかりません。結局、繰り下げるか繰り上げるかというのはその人のライフプランに合わせて決めればいいのです。

ただ、自分で年金を増やしたいのであれば、最長75歳までのどこかに至るまで繰り下げをするのが一番確実で効果の大きい方法です。もちろん、その場合は年金を受け取らなくても生活できるように働くか、生活費を貯めておくか、あるいは退職金を取り崩すといったことが必要になってきます。

このように年金は自分の働き方やライフプラン次第で増やすことができます。

ただ、一方では、「減ってもいいから早くもらって早く生活を楽しみたい」という人もいるでしょう。それはもちろんその人の自由です。絶対こうすべきだとかこうしないといけないということはありません。

だからこそ、50代になったら、自分の今後のライフプランをどうすべきかということをしっかりと考えておくべきでしょう。

※1　報酬比例部分の計算（日本年金機構のホームページ）
https://www.nenkin.go.jp/service/yougo/hagyo/hoshuhirei.html

## 4-5 民間医療保険は入る前によく考えるべし

私は現在71歳ですが、民間の医療保険には全く入っていません。

こう言うと驚く人が多いと思います。「歳をとって病気のリスクが高まっているのに、なぜ医療保険に入らないのだ？」と思う人も多いでしょう。

でも私は何も医療保険に入っていないわけではありません。日本人なら全員が加入している公的医療保険には当然のことながら入っています。したがって、病気をしても心配はありませんので、民間の医療保険には入っていないのです。

なぜ、そう考えるのかについてお話ししましょう。第3章－2と重複する部分もありますが、大事なことなので、再度、少し丁寧に繰り返しておきます。

### 民間医療保険は治療以外のお金を支給するのが役割

そもそも民間の医療保険は、一体何のために入るのでしょう？

「そんなこと言うまでもないでしょう。病気をした時の治療費をまかなうために決まっている」と思う人が多いでしょうが、民間の医療保険というのは治療にかかった費用を負担してくれるわけではありません。治療費を負担してくれるのは公的な医療保険です。現役世代であれば窓口で払う自己負担が3割ですから、治療にかかった費用の7割は公的な医療保険、例えば会社員の場合なら健康保険組合から出ることになります。70歳を超えると原則として自己負担は2割になりますし、75歳からは後期高齢者医療制度によって負担は原則1割です。

では、民間の医療保険というのは一体何のためにあるのでしょう?

それは、病気をしたり入院したりした時に公的な医療保険ではカバーされないものをまかなうためです。例えば、入院した時に個室に移りたいと希望した場合、その差額は自分で支払わなければならず、公的医療保険ではカバーできません。また、家からタクシーで病院に行く場合の交通費も、もちろん全て自己負担です。民間医療保険はこうした費用をまかなうためにお金が支給されるという仕組みなのです。

## 医療保険は宝くじと同じ?

であるなら、別に保険でなくても、貯金でまかなえばいいはずです。ある程度の貯金を持っていれば保険に入る必要はありません。保険に入るかどうかは、それが起きる確率とそれに対する備えが自分にあるかどうかを冷静に考え、ごくシンプルな金銭問題として判断すべきです。〝保険に入って保険料を払う〟のと、その分のお金を貯金しておくのと、どちらがいいかを比較すればいいだけの話です。

この場合、圧倒的に貯金の方が有利です。なぜなら貯金したお金は全て自分のために使えるのに対して、払い込んだ保険料はそこから保険会社のさまざまな経費や利益を差し引かれた分が保険金の支払いに回るからです。宝くじや競馬と構造は同じと考えればいいでしょう。

一方、公的な医療保険の場合は、利益を目的にしていません。

一般的に保険というものは起こる確率が高いほど保険料が高くなるのが当然です。民間の医療保険の場合は加入する年齢によって保険料が変わり、歳をとって病気のリスクが高くなってから保険に入ると保険料が高くなるのは当たり前なのです。

ところが、前述のように、公的医療保険は歳をとるほど負担が少なくなるという、民間の保険会社ではあり得ない仕組みになっています。これは税金が投入されているからです。つまり、一番お得な保険が公的医療保険なのです。

## 貯蓄で備えられるのに保険に入る理由は？

ところが現実には「単純な金銭問題」と冷静に考えることができません。その理由は「不安」にあります。病気をすると心細くなる上に、自分の貯金からお金が出ていくということに対して強い不安を感じます。保険に入ることによって、保険金から支払われるというのが大きな安心感をもたらすのです。

でもこの安心感は、保険に入ったから病気にならないという安心感ではありません。病気になって出費の必要が出てきても、それをまかなうことができるという安心感です。

恐らくそのあたりの不安感がごっちゃになっているというのが多くの人の心理なのでし

ょう。

行動経済学ではメンタルアカウンティング＝心の会計と言われる現象があります。これは、同じお金でも別のところに仕訳《しわけ》してしまう、あるいは同じお金でも出所《でどころ》によって全く違う感覚を持ってしまう現象を言います。この場合で言えば、病気をした場合に必要な出費を自分の貯金から使うと「お金が減る」という感覚になってしまうのに対して、保険金であれば「お金をもらった」という感覚になるのです。その証拠に、貯金は「おろす」と言いますが、保険は「おりる」と言いますね。これだとどこからかお金が降ってくるような感覚になります。でも、そのお金は間違いなく自分が払い込んだ保険料で、そこからさまざまな費用や保険会社の利益を差し引いたお金が分配の原資になっているのです。

## それでも何となく納得できない人へ

ただ、中にはこういう反論をする人もいるでしょう。

「でも、保険診療が使えない高度先進医療の場合はお金が必要なのだから、やはり民間の医療保険は必要なのではないか？」

これは、たしかにそのとおりとも言えます。

ただ、そもそも高度先進医療というのは、なぜ保険が適用されないのでしょうか？　第3章-2でも述べたように、その理由は恐らく治療法自体がまだ試験的なものであり、効果が普遍的には認められていないからでしょう。もし普遍的な効果があるものなら、保険適用になるはずです。

厚生労働省のホームページには先進医療について次のように定義されています。

「先進医療は、一般的な保険診療を受けるなかで、患者が希望し、医師がその必要性と合理性を認めた場合に行われることになります」

つまり、高度先進医療というのは、希望さえすればいつでもどんな場合でもおこなわれるというわけではないのです。

ただ、第3章-2で述べたように、自分の蓄えではまかなえないことに備えるためには保険に入る必要があります。例えば、入院が長引くことで仕事を失ってしまうというケースに備えるには、民間の保険が役に立つでしょう。ただ、その場合に必要なのは、医療保険というよりは所得補償の役割を持つ「就業不能保険」でしょう。

貯金のいいところは、貯めておきさえすれば、使い途《みち》はあとで自由に決められることです。ところが保険の場合は該当する事由《じゆう》が起こった時しか支払われません。それでも保険に入った方がいいと思うか、その分を貯金しておいた方がいいと思うかを冷静に自分で考えてみることが必要なのではないでしょうか。

# 第5章

# 「お金に働いてもらう」のはそれほど簡単ではない

## 5-1 貯蓄ではダメなのか？

一般的に**お金を増やすには、まず貯めることから始めなければなりません。**「貯蓄」ですね。

ところが、世間一般では「貯蓄から投資へ」ということがよく言われているため、投資をしないとダメなのか？　貯蓄でお金が増えることはないのか？　と思う人もいるでしょう。

結論から言えば貯蓄でも一向にかまいません。

お金を作るための方法は3段階あります。まずは①働いてお金を稼ぐ、次に②支出をよく考えてお金を余らせ、そのお金を貯める、そして最後が③さまざまなものに投資をしてお金を増やす、という流れであることは誰もが承知していることです。全ての基本は何と言っても「働いて稼ぐ」ということであるのは言うまでもありません。使い切れないぐらいのお金を親から相続した英国貴族のような人でない限り、働くのは基本中の基本です。

次に大事なのが「お金を余らせて貯める」ことですが、これにはちょっと工夫が必要です。それは「使った後からお金を貯める」のはなかなかできないということです。お金というものはあればあっただけ使ってしまいがちですから、**最初から貯める分はのけておき、残ったお金で生活する習慣をつける**ことが大事です。たくさん稼いで慎《つつ》ましい生活をし、たくさん貯めることを続ければ、自然にお金は増えていきますので、それだけで十分です。必ずしも投資をする必要はありません。私は以前、『となりの億り人』という本を書きましたが、投資はほとんどやらなくても1億円以上の資産を作った人も少なからずいます。

それでも私は、やはり投資はやった方がいいと思います。なぜそう考えるのかについて、ここからお話をしていきたいと思います。

## お金を増やすコツは〝世の中にお金を回すこと〟

〝投資をする〟ということの本質は何かというと、それは「世の中にお金を回すこと」です。手元にお金をそのまま置いていても1円も増えることはありません。何らかの形で世の中にお金を回していかないと決して増えることはあり得ないのです。

これをもう少し丁寧《ていねい》に言うと、「今すぐに必要としないお金を、今必要としている人に回してあげ、回してもらった人はそのお金を使って事業をおこない、その結果得られた利益の一部をお金を回してくれた人に御礼として渡す」ということです。この場合、今すぐ必要としないお金が「余裕資金」であり、今お金を必要としている人が「投資する先の企業」と言っていいでしょう。

この場合に大事なことは、お金を回した先がそのお金を有効に使ってたくさん増やしてくれることです。だから投資先を選ぶことはとても大事だし、予想に反してうまくいかないことだってしばしば起こり得るのです。最悪の場合、投資した先が潰れて全くお金が戻ってこないことだってあります。うまくいく場合といかない場合、その開きが「リスク」ということになるわけです。

でも考えてみれば、こうして世の中にお金を回すということは、別に投資に限らず、預金でも同じことです。違いは、「リスク」を誰が引き受けるか？　ということです。

預金は間に入った銀行を通じて間接的に企業にお金を回すことですが、その場合、元本《がんぽん》と利息は保証されます。つまり、預金を通じて世の中にお金を回す場合は銀行がリスクを取ることになります。これに対して投資は、間に入る者は誰もおらず、投資家が直接企業にお金を回すことになりますから、リスクを取るのはあくまでも投資家自身ということになります。

## リスクを取らないとリターンを得られない

このように考えていくと、世の中にお金を回すことでお金が増えるのであれば、必ずしも投資をしなくても銀行預金でもかまわないということになります。

ただ、決定的に異なるのは「誰がリスクを取るか」ということです。リスクを取らないことにはリターンは得られないというのは絶対の真理です。

銀行預金の場合は、預金者ではなく銀行がリスクを取っているから、利益の多くが銀行のものになるのです。これは当然のことです。言い方を変えれば「世の中にうまい話はない」ということです。

リンゴの生産農家が企業で、消費者が投資家、流通業者が銀行と考えるとわかりやすいでしょう。

通常の流通ルートを使って消費者がリンゴを購入する場合、味や色、形などは一定のレベルに保たれます。でもそれを選別しているのは流通業者ですから、消費者の手に渡る時は流通業者の利益が上乗せされた価格になります。

これに対して消費者が直接農家から買い入れる場合は、選別する作業は消費者自身でしなければなりませんし、専門家ではないので間違えることもあります。その代わり値段は安いし、思いがけない美味しいリンゴに巡《めぐ》り会うこともあるでしょう。

つまり、末端の消費者（投資家）が利益を取るか、それとも間に入った流通業者（銀行）が一定の品質を担保する代わりに利益を取るかの違いということになります。

したがって、資産形成のために投資をするかどうかということで言えば、**「リスクを取る覚悟があるかどうか」次第**だと思います。私は投資をそれほど甘く見ない方がいいと思っていますので、誰にでも投資を勧めることはしません。絶対にリスクを取りたくないという性格の人であれば投資はしない方がいいからです。

でも、人生において何もリスクを取らないということはできません。リスクというのは悪いことが起きるとか損をするという意味ではなく、「結果が不確実である」ということです。人生におけるさまざまな判断には常に不確実性が存在します。例えば進学、就職、そして結婚ですら、実際にはやってみないとどうなるかはわからない部分がたくさんあるからです。

したがって、取れるリスクの大きさは人によって違うと思いますが、資産形成において全くリスクを取らないというのは少しもったいないし、効率が悪くなるような気がします。少なくとも長期にわたって投資を続けることで、報《むく》われる可能性がとても高くなると思うからです。

## なぜ投資は報われるのか

では、なぜ投資をすると報われるのでしょうか。

ここでいう投資とは、短期で売買を繰り返すことではなく、長期、少なくとも20年とか

30年という期間でおこなうものです。短期での売買が悪いとは言いませんが、短期売買におけるリターンの不確実性は限りなく高いので、決して報われる可能性が高いわけではありません。あくまでも**長期に続けることで投資は報われる**のです。その理由は次のようなことです。

前述したように投資するというのは企業の活動に対してお金を投じることです。一般的に企業活動というものは、①ある事業にお金を投入し、②そこから収益が生まれ、③使ったお金のコスト（金利や配当）を支払い、④利益が生まれる、という流れで続いていくものです。しかしながら、そうやって生まれた利益を全て分配してしまったり、消費に使ったりしてしまうと、次の利益を生む機会がなくなってしまいます。そこで、利益の一部、あるいは場合によってはその全部を次の利益を求めて新たな事業活動に投入することになります。これは言ってみれば、貯蓄や投資において得られた金利や配当を再び預けたり投資したりすることで得られる複利の概念と同じです。

このようにして事業活動は増殖していきます。逆に、利益を生まない事業活動が続くと、その企業は倒産してしまいます。結果として、生き残った企業は増殖を続けることになります。

つまり、資本主義経済というものが持っているシステムは本質的に自己増殖を続けていくものなのです。ですから、投資をし続ければ報われる可能性は極めて高いということです。

でも、長期でありさえすれば、何に投資をしても必ず報われるわけではありません。では具体的に何に投資をすればいいのかについて次節でお話ししたいと思います。

## 5-2 何にどうやって投資をすればいいのか？

さて、それでは具体的に何にどうやって投資をすればいいかについてお話をしたいと思います。

「投資」という言葉を聞くと、一部の人は、パソコンのモニターをいくつも目の前に置いてずっと売買をしているイメージを持つかもしれません。それは正しくありません。そういう方法で投資をすることもありますが、それはどちらかと言えば「投機」と表現した方がいいでしょう。別に投機は悪いことではありませんが、少なくとも長期的に資産を増やすための方法としては適切ではありません。

同様にＦＸや仮想通貨などもあまりお勧めできるものではありません。投資で一番大事なのは、**投資する対象の「価格変動」に賭けることではなく、「価値の向上」に賭けること**だからです。

価格は必ずしも正しい価値を表しているとは限りません。需給関係によって動くことがおおいにあり得るからです。そして、その動きを適切につかむことはかなり困難です。

ＦＸというのは単なる両替です。異なる通貨を両替する時の比率の変化に賭ける行為です。仮想通貨に至っては実態価値のないものに単に値段がつけられているだけです。どちらも投資と呼ぶにはふさわしくありません。

また、金（ゴールド）も、金自体が何か価値を生み出すわけではなく、価格もその時の需給関係だけで動くものです。資産を分散して保有しておくための手段としては意味があるでしょうが、資産を増やすための投資と考えるには必ずしも適切ではないでしょう。

投資で大事なことは、投資する対象自体が新たな価値を生み出すことです。そう考えると、株式、不動産といった資産は、それ自体が新しい価値を生み出す可能性のあるものですから、投資対象としては適切なものと考えていいでしょう。

## 投資を難しいと感じる理由

ただし、株式や不動産に投資するにあたっては、難しいと感じることが２つあります。一つはまとまった資金がないと投資できない場合があること。そしてもう一つが何に投資すればいいかを判断することです。株式投資で言えば銘柄《めいがら》、不動産投資で言えば物件です。

まずは「まとまったお金がないとできない」ということから考えてみましょう。

不動産投資の場合は、たしかにそのとおりです。REIT（不動産投資信託）のようなものに投資するのでなければ、一つの物件を購入するためには何百万円、場合によっては何千万円、何億円という資金が必要です。もちろん全部自己資金で購入するなどということは普通はあり得ませんので、融資を受けておこなうことになります。サラリーマンの中にはそれらを上手にやっている人もいますが、多くの人にとってはいきなり巨額の投資をするのはなかなかハードルが高いと感じるでしょう。

一方、株式投資の場合は、必ずしもまとまったお金がないとできないわけではありません。昔に比べると最低購入単位が下がってきているため、数十万円で投資できるものはたくさんありますし、証券会社が提供している「ミニ株」（単元未満株投資）などの方法を使えば、数万円とか、場合によっては数千円で投資できる場合もあります。

ここでは、まとまった資金がなくてもできる、主に株式とそのバリエーションである投資信託を中心に話を進めていきたいと思います。

## 資産形成にふさわしいのは優良な株式の長期保有

私は、個人が資産形成をするために最もふさわしく、かつ有効な手段は、優良な株式を長期にわたって保有することだと思います。実際に会社員で資産形成に成功した人の多くはこの方法を長年実践してきています。

例えばiPhoneが発売された時（15年前）に米アップルの株を買って今日まで持っていれば約40倍になっています。日本企業でもトヨタ自動車の株価はこの20年で4倍になっていますし、ソニーも過去10年で約10倍になっています。利益が伸びる企業の株式を長期で持つことは資産形成に大いに有効なのです。

ただ、このやり方には難しい点があります。それは投資をするにふさわしい銘柄を見つけること。そして、投資をしている企業の内容を定期的にチェックすることです。

投資をするということは自分の大切なお金を投下するわけですから、内容のわからないものに投資することはできません。当然、会社の内容や今後の利益成長性などを判断することが大切です。そのためには企業財務に関する知識もある程度必要ですし、経済のニュースにも関心を持ち、自分が投資をしている企業が属する業界の動向にも注意を払っておくことが欠かせません。

しかしながら、そういうことをするのが面倒だとか、よくわからないという人は多いでしょう。本来ならばこれらがきちんとできない人は投資をしない方がいいのですが、幸いなことに、そんな人でも全く投資ができないわけではありません。その方法が投資信託を購入することです。

## 投資信託の基本

投資信託というのは不特定多数の人がお金を出して一つのかたまり（これをファンドと言います）にし、専門家に運用を委託《いたく》するという性質のものです。投資信託の利点は、

①少額から投資できる

②幅広く分散投資ができる
③運用を専門家に委託できる

といったことで、これなら投資にかかるハードルを少しは下げることができます。

ただし、勘違いしてはいけないのは**運用を専門家に任せたからといって必ず儲かるわけではない**ということです。それに、専門家は運用結果について責任を負うわけではありません。利益も損失も全てが運用を委《ゆだ》ねた投資家の責任となります。

したがって、投資信託を使って投資するからといって全てを任せておけばいいということではなく、基本的なことは自分である程度勉強しておかなければなりません。その上でどの投資信託を購入するかを自分で判断し、結果として専門家に任せるということになるのです。それすらもやる気が起こらないということであれば、残念ながら投資はあきらめた方がいいと思います。

具体的に言えば、最低限、次の5つぐらいのことは知っておいてから始めるべきです。

①運用スタイルとその手法
②株式と債券の価格変動メカニズム
③自分が負担する費用の種類と性格
④投資信託の評価基準
⑤交付目論見書《こうふもくろみしょ》の閲覧

投資をやったことがない人であれば、恐らく何を言っているのかわからないところもあると思いますが、少なくともこれらに関してきちんと理解してから投資を始めるべきです。何よりも命から2番目に大切なお金を投下するわけですから、決して「お任せでらくちん」などとは考えないことです。

とはいえ、特別に難しいことではありません。ほんの少しだけ勉強すれば簡単に理解できることばかりです。こういったことに関して基本的なことが書いてある本はたくさん出ています。中にはかなりいい加減なものもありますが、ちゃんとした本を読めばこの程度の知識を得ることはそれほど難しくありません。これらの事柄をある程度しっかり理解しておこうと思うと、最低でも本1冊ぐらいのボリュームは必要です。

したがって本書の一つの章、さらにその中の1節だけで説明するのは難しいのですが、前述の5つの項目で言えば、比較的わかりやすいのが①の「運用スタイルとその手法」、そして③「自分が負担する費用の種類と性格」ですから、次の節ではこの2つを中心に、投資信託の選び方について基礎の基礎からお話をしていきたいと思います。

# 5-3 投資信託で知っておくべき最低限のこと

投資信託がどういうものであるかは前節でお話ししたとおりです。少額からでも投資を始めるには最も適した手段だと思います。実際に多くの投資信託は1万円とか1000円から購入することができますし、積み立てで購入するのであれば毎月100円ずつでも購入することが可能ですから、金額のハードル自体はとても低いと言っていいでしょう。

ただ、金額のハードルが低いからといって、何も知らずにお気楽に始めていいわけでないことも前節でお話ししたとおりです。少なくともどういうものに投資をしているのか、そして投資するにあたって、自分がどれぐらいの費用を負担しなければならないのかについては、きちんと知っておいた方がいいと思います。

## 投資信託の種類

まず、どういうものに投資をするのか？　というところから始めたいと思います。

我が国で一般に販売されている投資信託は全部で6000種類ぐらいありますので、整理しないと一体何がなんだかわからなくなってしまいます。これらの分類の仕方はさまざまですが、大きく分けて3パターンの分類の仕方を知っておいた方がいいでしょう。

**①投資する対象による分類**

これは、一体何に投資をするのか？　による分類です。不動産に投資するものや金《きん》や原油、農産物といった、いわゆるコモディティと呼ばれる「商品」に投資するものもありますが、数の上で圧倒的に多いのは株式、債券《さいけん》、及びこの2つを組み合わせたものです。

不動産やコモディティのような投資対象の場合は、ある程度それらに対する知識がないと、何もわからないままに投資するということになりかねません。最初は株式と債券の2つに投資するものから選んでいけばいいと思います。また、株式と債券はどのように違うかということも知っておくべきでしょう。

**②投資する地域による分類**

次の分類方法は、投資する地域による分類です。

投資というのは基本的に、日本国内だけではなく、広く世界全体が対象となりますので、どの地域に投資をするかはとても重要です。なぜなら地域によって成長の度合いが異なったりすることがありますし、日本にはないようなタイプの成長企業も世界にはあるからです。最もシンプルなのは、国内か海外かという分け方です。海外の場合も先進国と新興国といった分け方もありますし、欧州や東南アジアといった地域による分け方、さらにはアメリカ、中国、インドといった単独の国に投資をするという投資信託もありますから、どこの地域に投資をするのかを考えることも大変重要です。

以上の2つは「何に投資をするか」によって分類する方法でしたが、3つ目の分類は「どうやって運用するか」による分類です。今までの2つよりも少し説明が長くなりますが、投資信託の運用成績を見る上でとても重要なことなので、ぜひ知っていてください。

### ③投資する手法による分類

通常、最もよく使われる運用方法の分け方は、「パッシブ型」と「アクティブ型」という2つに分けるものです。

株式市場には、市場全体の動きを表す指標として株価指数というものがあります。例えば日本の株式であれば「日経平均株価」というのがありますし、アメリカの場合は「S&P500」というのが最もよく知られた株価指数です。

投資信託は専門家が運用しますが、当然のことながら運用目標があります。「パッシブ型」の投資信託というのは、これらの株価指数に連動することを運用目標とする運用手法です。

一方、「アクティブ型」とは、ターゲットとする株価指数（これをベンチマークと言います）はあるものの、それを上回ることを目指すという運用方法のことを言います。

「連動する」と「上回る」とだったら、上回る方がいいに決まっていると思われるかもしれませんが、これはあくまでも〝目指す〟というだけです。言うまでもなく下回ることもあります。

例えば日経平均株価に連動するパッシブ型の投資信託を購入したのであれば、日々の日経平均株価の動きを見ていれば、自分が購入してから価格が上がっているのか下がっているのかが一目瞭然です。しかし、アクティブ型の場合は、必ずしも日経平均株価と同じ動きになるとは限りません。大きく上回る場合もある代わりに大きく下回る場合だってあります。

　したがって、どちらが絶対にいいということは一概に言えません。ただ、運用管理費用（信託報酬）と言われる手数料はパッシブ型の方がアクティブ型よりも安くなります。これは当然です。なぜなら、株価指数に連動することを目指すのであれば、株価指数に採用されている銘柄に全部投資をすればいいわけですから選ぶ手間がかからず、比較的簡単だからです（実際はもう少し複雑ですが、ここではわかりやすくするためにこういう前提にしておきます）。一方アクティブ型は〝上回る〟ことを目指しているのですから、当然、株価指数に採用されている銘柄の中から平均よりも高い収益をあげてより大きく値上がりするものに投資すべく努力しなければなりません。そのためには調査も必要ですから、当然その費用がかかります。その費用が手数料に含まれているから高くなるのです。

　結果として費用だけを見ればパッシブ型の方が有利ですが、前述したように、全てではないものの、株価指数を上回る成績をあげている投資信託もありますし、運用哲学に共感して自分のお金を委ねるということがあってもいいわけです。したがって、一概にどちらがいいということは言えませんが、自分にとって何が一番いいかは投資に対する考え方の根幹の部分であるとも言えますので、この違いはしっかりと認識しておいた方がいいと思います。

## 投資信託で負担すべきコストの種類

先ほど手数料の話が出てきましたので、ここで投資信託を購入するにあたって負担すべきコストについてお話をしておきたいと思います。

投資信託を購入した人が直接負担する費用は大きく分けると3つあります。「購入手数料」「運用管理費用（信託報酬）」、そして「信託財産留保額」です。

このうち、3つ目の信託財産留保額というのは、投資信託を換金する際に、保有している株式や債券を売却するためにかかる費用です。中には「信託財産留保額無し」と謳《うた》っている投資信託もありますが、それは単に換金した人からは徴収《ちょうしゅう》していないだけであって、その分は他の人たちが負担することになりますので、実はあまり意味がありません。結局のところ、これは言わば実費相当額なので、あまり気にする必要はないと思います。

したがって、投資するにあたって重視するのは「購入手数料」と「信託報酬」ということになります。

まず**「購入手数料」ですが、これは基本、無しのものを選んだ方がいい**と思います。実際、現在では多くの投信信託において「購入手数料」はありません。

これはそもそも何に対する対価かというと、購入者に対して販売者が説明をしたり、判断に係《かか》る情報を提供したりすることに対するものとされています。そんなもの、今の時代なら自分でネットで簡単に調べることができますから、ほとんど必要のないものと考えた方がいいでしょう。

**最も重視すべきものは「信託報酬」**です。先ほどパッシブ型よりもアクティブ型の方が費用がかかると言ったのはこの部分です。

これは、費用としてだけ考えれば、間違いなく安い方がいいと思います。なぜならこの信託報酬というのは、投資信託を持っている間ずっとかかる費用だからです。ただ、投資信託を選ぶ際に、他は何も考慮せずに信託報酬だけで選ぶのが必ずしも正しいかどうかは何とも言えません。前述したように、運用哲学や手法に対して自分なりの意見や見方があれば、信託報酬の多寡のみで決めることはできないからです。

ところが中には、同じような運用手法で、同じ株価指数をターゲットとしている投資信託において、この信託報酬が何倍も違うというケースも残念ながらあります。そういう質《たち》のあまりよくない投資信託は選ぶべきではないでしょう。

以上、投資信託で知っておくべき最低限のことというテーマでお話をしてきましたが、これは本当に最初のごく一部のお話です。前述したように、「自分が投資している対象が何かわからない」という最もやってはいけない状態に陥らないようにするためには、最低限の勉強はしておく必要があります。そのためにはYouTubeの動画もいいですが、それよりはしっかりした内容の本を読んでおくべきだと思います。

投資をするにあたっては、自らが考え、判断することが必要ですから、最低限の知識を持った上で始めるべきです。

# 5-4 投資をするなら有利な方法を使うべし

投資するための手段として「投資信託」が有効であることはお話ししましたが、それに加えて、同じ投資信託を購入するのであれば有利な方法を使うことを考えるべきだと思います。それがｉＤｅＣｏやＮＩＳＡなどの税制優遇を伴《ともな》った資産形成制度です。

## ｉＤｅＣｏとＮＩＳＡは単なる制度の名前

恐らく多くの人はｉＤｅＣｏやＮＩＳＡという名前ぐらいは聞いたことがあるでしょう。

時々、「ＮＩＳＡはどこで買えますか?」とか「ＮＩＳＡとｉＤｅＣｏはどっちがお得ですか?」みたいな質問を耳にすることがありますが、これらは全くの勘違いから来る質問です。これらはいずれも金融商品の名前ではありません。制度の名前です。さらに言えば、どちらも税制優遇があることは事実ですが、その優遇の中身も制度自体の目的も全く異なるものですから、一概にどちらがお得とは言えません。

iDeCoの正式名称は「個人型確定拠出《きょしゅつ》年金」と言います。名前の示すとおり、これは年金です。

「年金」と言えば、一般的には厚生年金や国民年金といった公的な年金制度が頭に浮かびます。それは最も基本となる年金ですから当然です。ただ、国の年金制度の本質は保険であって、貯蓄や資産形成ではありません。

これに対して私的年金制度である企業年金やiDeCoなどは、その目的が老後の生活を支えるためである点は公的年金と同じですが、仕組みは保険ではなく、貯蓄や投資を使った資産形成の方法です。老後のために自助努力で資産形成をおこなうための制度ですから税制優遇が与えられているわけです。

さらに言えば、「年金」ですから、加入することができるのは原則として60歳までです（一部例外として65歳まで加入できる場合がありますし、さらに加入年齢を引き上げようという案も議論されています）。

一方、ＮＩＳＡは、その正式名称を「少額投資非課税制度」と言います。こちらも名前のとおり、あくまでも「投資」による利益に対する税金がかからないという仕組みになっている制度です。こちらは、年齢は関係ありません。一部を除くと、原則、成年に達していれば上限年齢というのは決められてはいません。ただ、ｉＤｅＣｏと異なり、貯蓄に使うことはできず、株式や投資信託などの投資でしか利用できません。

## ｉＤｅＣｏの最大のメリットは60歳まで引き出せないこと

ｉＤｅＣｏで運用しているお金は60歳まで引き出すことができません。それをデメリットだと言う人もいますが、それは違います。むしろ60歳まで引き出せないのはｉＤｅＣｏの最大のメリットです。なぜなら、人生においてはさまざまな出費があるものの、老後資金だけは誰にとっても必ず必要となるからです。

一般的に人は、目の前にお金があるとどうしても使ってしまいがちです。いつでも引き出せるのであれば、老後資金のためと考えていても、いつの間にか引き出してしまうということがあり得ます。ｉＤｅＣｏのように60歳までは引き出せないという仕組みになっているからこそ、自然に老後の資産形成ができると考えるべきです。

また、iDeCoの税制優遇は運用益非課税ということもありますが、それ以上に大きいのが、**掛金《かけきん》が全額所得控除になる**ことです。したがって、仮に所得税の税率が10%、住民税の税率が10%だとすると、合計した掛金の20%が年末調整とか確定申告で戻ってきます。これは非常に大きなメリットです。

iDeCoは必ずしも投資のための制度というだけではありません。投資がよくわからないとか不安だというのであれば、iDeCoを使って定期預金で運用してもいいのです。現在では定期預金の金利はほぼゼロに近いものの、所得控除で掛金の20%が戻ってくるのであれば、年利20%で貯蓄しているのと同じことになります。これも制度が年金だからこその優遇策で、この所得控除はNISAにはありません。

## 2024年、NISAはかなり使いやすくなる

一方、NISAは2014年にできた制度ですが、2024年から制度の内容が大幅に

拡充されます。詳しく書いていくと、それだけで本1冊ぐらいになってしまうので、ここでは重要なポイントだけ述べておきたいと思います。

まず一番大きな制度拡充は、制度が**「恒久化」**されたことです。今までは口座開設期間と非課税で運用できる期間が定められていましたが、新しいＮＩＳＡではこれが無期限になります。つまり、いつからでも、そして、いつまでも、非課税のままで投資を続けることができるということです。これはとても画期的なことです。

さらに**利用できる金額も大きく拡大されます**。従来は最大でも年間１２０万円であったものが、２０２４年からは年間投資枠が３６０万円と3倍に増えます。これもかなりの大盤《おお》振《ばん》る舞《ぶ》い《ま》と言っていいでしょう。ただし、期限は無期限と言っても「生涯投資枠」というものが決められ、新しいＮＩＳＡ制度を使って投資できる上限の金額は１８００万円となります。

とはいえ、利便性も格段に向上します。従来は、非課税期間の間に売却すると、その枠《わく》はもう使えなくなりました。ところが今回の制度拡充においては、**売却すると、その分は翌年に復活**し、年間利用限度額の範囲内であれば再度使えることになります。

先ほど「詳しく書いていくと、それだけで本1冊ぐらいになってしまう」と言いましたが、NISAを理解するのに最適な本をご紹介しましょう。現時点で新しいNISAについて最も詳しく、よくまとめられているのは次の本です。参考にしていただけたらと思います。

『大改正でどう変わる？　新NISA　徹底活用術』竹川美奈子・著（日本経済新聞出版）

## 資産形成にとって最大の敵は「コスト」

資産形成をおこなう場合に最大の敵となるのは「コスト」です。コストとは何かというと、**手数料と税金**です。

一般的に投資の場合、価格が変動しますから、結果は不確実です。つまり投資の結果であるリターン（利益）をコントロールすることはできません。そして、投資において、手数料と税金という二大コストは確実にリターンに対してマイナスに作用します。だからこそ、できるだけ手数料が安く税金のかからないものを選ぶべきです。

さらに言えば、利益をコントロールすることはできませんが、コストはコントロールできます。手数料の安い商品を選んだり、税金がかからない制度を利用したりすることができるからです。

iDeCoとNISAという2つの制度は、利益に対して税金がかからないということを考えると、投資をする際にはぜひ利用すべき制度だと思います。

加えて、どちらも手数料という点でも大きなメリットがあります。手数料には購入した時に支払う「購入手数料」と投資信託を保有している間中、ずっとかかる「信託報酬」があるということは前節でお話ししたとおりですが、iDeCoの場合は購入手数料のかかる投資信託はありませんし、NISAの場合も制度の中心となる「つみたてNISA」では購入手数料のないものばかりです。これは2024年以降も継続されます。

さらに、iDeCoにしてもつみたてNISAにしても、採用されている投資信託は、多くの場合、金融機関の店頭で販売されているものよりも信託報酬が安いという特徴があります。長期の資産形成においては、信託報酬のような累積していくコストの負担の多寡は極めて重要な要素と言っていいでしょう。

今、長期の資産形成という言葉が出てきましたが、長期の資産形成という観点で見ると、「若い人はiDeCoやNISAなどの制度を使って資産形成をすることが重要であると思うけど、我々50代の人間にとっては、もう遅いのではないか。手遅れではないか」と考える人も多いと思います。でも、必ずしもそういうわけではありません。第1章-5「50歳からでも遅くない理由」では、主に「貯蓄残高」「生活支出」「高齢期の労働」、そして「年金」の面からお話ししましたが、それに加えてもう一つ、「投資」においても、50歳からでも決して遅くありません。次節ではそのあたりのことについて、その理由と実際の数字を見ながら考えていきたいと思います。

# 5-5 50歳からの投資は遅くない

さて、前節でiDeCoやNISAを使った投資は積極的にやった方がいいということをお話ししましたが、同時に、投資はあまり短期で成果を出そうとするのではなく、長期で考える方がいいということもお話ししました。「であるなら、若い人はともかく、自分たちのようにもう50代にさしかかった人間にとっては、もう始めるには遅いのではないか」と思われる人も多いかもしれません。でも、決してそんなことはありません。投資は50歳から始めても決して遅くないという、その理由についてお話をしたいと思います。

## 平均寿命を考えると50歳はまだ若手

そもそも「50歳からでは遅い」と考えている人は、自分が一体何歳まで生きると考えておられるのでしょうか？「60歳で定年退職してのんびりと5年か10年生きる」と考えているのであれば、それは完全な「昭和の思考」です。現代においては、男性の平均寿命も

81歳を超えており、これは今後も伸長していくでしょう。過去30年間で平均寿命は毎年0・19歳ずつ延びてきています。今後は医療技術の発達でさらに延びると思いますが、仮に過去30年間の延び率を当てはめて考えても、現在50歳の男性が、今の平均寿命である81・5歳を迎える時、平均寿命は86歳に延びています。したがって、50歳といえどもまだ30～40年ぐらいの人生があると考えた方がいいでしょう。

さらに、働く年齢も延びるのは間違いありません。現在は60歳定年ですが、これからは70歳まで働くのが普通になってくるでしょう。

であるならば、50歳から70歳までの20年間を資産形成のために投資するというアイデアは決して悪くありません。

## 20年間投資を続けるとどうなるか？

将来のことは誰もわかりませんから、今から投資を始めるとどうなるか？ は何とも言えません。ただ、過去を振り返ってみることはできます。

**図6 2003年1月から20年間、毎月3万円ずつ日経平均株価に連動する投資信託に積立投資をしていた場合**

※内部収益率法で計算された年率投資利回り(配当再投資ベース)

データ元：特定非営利活動法人「みんなのお金のアドバイザー協会FIWA」
開発責任者：㈱竹中R&I代表 竹中正治氏

例えば日本の株式市場の過去20年間を振り返ってみますと、後半は比較的順調でしたが、前半はリーマンショックもあり、いわゆる「失われた30年」の真《ま》っ只中《ただなか》にいましたので、全くふるいませんでした。ところが図6を見るとおわかりのように、仮に20年前、２００３年の１月から日経平均株価に連動する投資信託に毎月３万円ずつ投資を続けていれば、累積投資金額は７２０万円ですが、昨年末の時価総額は１５４０万円ですから、２倍以上になっています。20年間の平均利回りは年率で７・３

9％です。

もし、この間成長著《いちじる》しかった米国の株式に同じように毎月3万円ずつ積み立てていれば、その金額は2918万円、運用利回りは約13％となっています。

同様に、日本とか米国といった具合に市場を特定せず、世界全体に投資をしていれば、その金額は2152万円、運用利回りは10・38％です。※1

このように20年という期間、投資し続けることによって、その間の上昇下落はあるものの、概ね一定以上の成果は出ます。これは本章‐1でもお話ししたとおり、資本主義経済というものが持っているシステムが本質的に自己増殖を続けていくものだからです。

## 50歳からでもiDeCoを利用しやすくなった

一方、iDeCoはどうでしょう。

従来、50歳以上でiDeCoに加入するのはあまり意味がないと思われていました。理由は、これまでは60歳までしかiDeCoに加入することができず、かつ、10年以上加入期間がなければ60歳からお金を受け取り始めることができなかったからです。

　ところが法改正によって、２０２２年5月1日から、加入できる年齢が65歳へと延びました。もちろん国民年金に加入していることが前提なので、60歳までしか国民年金に加入できない自営業やフリーランスの人は、一部の例外を除いて60歳以降の加入はできません。しかし、サラリーマンで、60歳以降も再雇用によって厚生年金に加入したまま働くのであれば、65歳まで加入し続けることができます。したがって、仮に50歳から加入したとしても、最長15年加入することができることになります。

　積立可能上限額は職業や立場によって異なりますが、仮に毎月２万円ずつ積み立てていけば積立額の合計は３６０万円、これが非課税で運用できるため、仮に年利３％で運用できれば４５４万円、２％で運用したとしても４２０万円ぐらいになります。加えて、15年間積み立てを続けることで戻ってくる税金の額はおよそ70万円あまりになります[※2]ので、合わせると５００万円ぐらいにはなります。65歳でリタイアした時に、これだけの金額をプラスアルファでこしらえることができるメリットは大きいと思います。

　言うまでもなく、ｉＤｅＣｏでの運用益に対しては税金がかかりませんから、ＮＩＳＡとｉＤｅＣｏの両方を活用することによって、50歳からでもかなりの資産を作ることが可能です。

## 老後資金の組み立て方の選択肢が拡がる

さらに言えば、50歳からでもＮＩＳＡやｉＤｅＣｏを始めることで老後資金の組み立て方の選択肢が拡がるというメリットがあります。それは一体どういうことなのか、具体的に見てみることにしましょう。

公的年金の支給開始は65歳からですが、受給する側が受け取り始める年齢は、60～75歳の間で自由に決めることができます。第4章‐4でも紹介したように、70歳まで受給を繰り下げると受給額が42％増えます。年金は長生きリスクに備える保険ですから、元気で働けるうちは働いて、可能な限り受取開始を遅らせ、人生の後半に厚く給付が受けられる方が安心であることは言うまでもありません。

ところが、そうは言っても現実に65歳から70歳までの生活をどうすればいいのかという問題が起きるでしょう。一番確実なことは70歳まで働くことですが、それに加えて**65～70**

**歳の5年間の生活をiDeCoやNISAの取り崩しでまかなう**というやり方もあります。前述のように長い時間をかけて積み立てながら運用し、ある程度の原資を作ることができれば、それを毎年少しずつ引き出していけばいいのです。iDeCoであれば年金方式での受け取りが可能ですし、NISAの場合は必要な資金が生じた都度いつでも引き出すことが可能です。

それにiDeCoの場合、受け取る時に税金がかかりますが、「公的年金等控除」が適用され、他の年金収入がなければ、年間110万円までは控除枠に収まります。公的年金の受給開始を70歳まで繰り下げるのであれば、当然他の年金収入はないことになりますから、受け取る時も非課税が実現できることになります。

## バリエーションはさまざま

このように、50歳からでもNISAで積立投資をするメリット、iDeCoに加入するメリットは十分にあります。先ほどは受け取り方と働き方のパターンを一つの例で説明しましたが、他にもiDeCoを一時金で受け取る場合、あるいは勤めている会社に企業年金がある場合など、受け取るパターンは無限に拡がっていきます。

公的年金、企業年金の受け取り方の選択肢は昨年の制度改正でかなり拡がりました。これによって自分の働き方、ライフスタイル、そして保有する金融資産の多寡でかなりのバリエーションができたことは事実です。ＮＩＳＡにしてもｉＤｅＣｏにしても、より一層柔軟な自分に合ったプランの設計がきめ細かくできるようになります。したがって、50歳からでは遅いと考えるのではなく、気づいた時から始めることが重要なのではないでしょうか。

※1　特定非営利活動法人「みんなのお金のアドバイザー協会ＦＩＷＡ」の「株価指数連動定額積立投資シミュレーション」（愛称：ＦＩＷＡつみたてインディくん）を使用し、Morningstar Global Markets指数でシミュレーションした場合の結果

※2　ＮＰＯ法人確定拠出年金教育協会提供　ｉＤｅＣｏナビより、「年収５００万円」の場合の概算

# 5-6 退職金で投資を始めればいいと思っている人へ

前節で50歳からでも投資を始めるのは決して遅くないというお話をしました。

ところが、中には「今は投資をする余裕はないけど、定年になって退職金をもらったら、そのお金で投資をやりたい」という人もいるかもしれません。加えて、金融機関も定年退職者に対して熱心にアプローチをかけてきますから、余計にそんな気持ちになる人はいることでしょう。

ですが、結論から言いますと、**それまで投資などやったことがない人が退職金で投資を始めることだけはやめた方がいい**と思います。

もちろん、ここで言っているのは手にした退職金を一度にまとめて投資をするということであって、つみたてＮＩＳＡなどの制度を利用して少しずつ積み立てながら投資をするというのであれば、それはかまわないと思います。

ではなぜ、退職金投資デビュー（私はこう表現しています）はダメなのでしょうか。

## 投資の利益は不労所得か？

2023年3月に出た日銀の「資金循環統計」に載っている日本の個人金融資産を見ると、株式や投資信託などの有価証券の割合は14・2%です。資産の割合と保有人数の割合は違いますが、少なくとも投資をしている人は日本においては決してマジョリティでないことがわかります。最近の若い人たちの中には少しずつ積み立て投資を始めている人もいますが、現役世代の多くは投資をしたことがありません。当然、投資についての知識もあまりないと思います。

投資経験のない人から見ると投資はどう見えるのでしょう。「何かよくわからないから恐い」「難しくてよくわからないし、自分には縁のないものだ」と思っている人が多いと思いますが、一方では、「お金は額に汗して真面目に働いて稼ぐものだ」とか「株なんて、不労所得を求める姿勢がけしからん」と言う人もいます。

実は、この「投資は不労所得だ」という考え方がとんでもない大きな間違いのもとなのです。

## 投資家は経営者と同じことをしている

投資とは、読んで字のごとく〝資を投ずる〟、すなわち何かにお金を投じてそこから利益をあげようという行為です。したがって世の中にある事業や商売は全て「投資」から始まると言ってもいいのです。自分（自社）が持っている人材、設備、資金をどこに投入すれば一番利益があがるかを一生懸命考えるのが経営者の役割です。これは投資家も同じです。投資家は、世の中にたくさんある企業のどこに投資をすれば、その会社が長期的に利益をあげ続けてくれるかを自分で判断しなければなりません。投資家というのは経営者と同じ仕事をしているのです。

したがって、株式に投資しようというのであれば、少なくとも企業の財務諸表を読めなければ話になりません。マネー雑誌の袋とじに載っている推奨銘柄を買えば儲かるかもしれないというのはあまりにも安易な考え方です。それは占いのご託宣で事業の先行きを判断している経営者みたいなもので、とてもまともだとは言えません。

投資は不労所得だなどというのはとんでもない間違いなのです。

## これからは「お金に働かせよう」という間違い

でも残念なことに、投資をしたことがない人の中にはこういう考え（投資の儲けは不労所得だ）を持っている人が少なからずいます。こういう人は投資を甘く考えています。そういう人が何の経験も知識もないままに投資をして利益をあげられるほど、投資は甘くありません。投資未経験者が、証券会社から勧められて「儲かる銘柄を教えてくれるかもしれない」と安易に考えて株式投資を始めると、多くの場合、失敗することになるでしょう。

さらに悪いことに、退職金というのはまとまったお金であると同時に、老後の生活を支えるための大事な資金です。

投資を経験したことがある人ならわかると思いますが、株式市場というものは短期間で3〜4割ぐらい下落することがよくあります。投資経験のある人でも相場が下落していく時は不安に感じるし、気分が悪いものです。ましてや投資経験のない人がそういう場面に直面すると、慌《あわ》てて売ってしまって大きな実現損を出してしまうということは大いにあり得ます。そうなると大事な老後資金が一挙に何割も減ってしまうということになりかねません。

だからこそ、生活資金である退職金を一度に投資へ回すのは、やってはいけないことなのです。

退職者に投資を勧める金融機関の人は、「もう退職したのだから、自分が働くのではなくて、これからはお金に働かせる時代ですよ」みたいなことをよく言いますが、**お金はそれほど機嫌よく働いてくれません。**そもそも投資は、お金が働くのではなく、自分が働くことなのです。お金はその媒体に過ぎず、あくまでも自分で判断して、そのお金を動かす、ということを間違えてはいけません。

だから、投資は決して甘くないし、不労所得というわけでもないのです。

## 退職者は投資すべきではないのか？

では、退職者は退職金をもらっても一切投資しない方がいいのかというと、必ずしもそういうわけではありません。ただ、株式投資をするのであれば、それなりにきちんと勉強してからでないとあまりお勧めはできません。退職者で投資の経験がなくて、それでも投資をしたいというのであれば、私がお勧めするのは投資信託や株式の積立投資です。

本章-2でお話ししたように、自分のお金の運用を専門家に委ねるのが投資信託です。株式投資のように、自分で個別に企業の内容を調べるのが時間的にも知識的にも難しいというのなら、投資信託で専門家に委ねるのもありでしょう。

もちろん、専門家に委ねると言っても、あくまでも投資による損益は全て自分に帰属しますし、自分の責任です。したがって、本章で前述したように基本的な勉強はしておくべきですし、少なくとも何冊かの本は読んでおいた方がいいと思います。

投資が厄介なのは、知識さえあればいいかというと、必ずしもそうではないことです。行動経済学では人間は本質的に損失回避的であると言われています。つまり、人間の本性はリスクを取ることを好まない部分が多いのです。でも投資は、リスクを取らない限り、決して利益を得ることはできません。つまり、投資で大事なことは、知識もさることながら、それ以上に**メンタルの強さ**なのです。人と逆のことを平気でできる心の強さがないと、たとえ積立投資であってもうまくいかないでしょう。

株価などの動きは、自分が想定したとおりになることはそれほど多くありません。そんな時に焦ったり、気持ちが落ち込んだりしないだけの心の強さがないと、いつまで経っても儲けを得ることはできないでしょう。

言うのは簡単ですが、実際はとても難しいのです。「目先の値動きに一喜一憂してはいけない」と言う人は多いですが、それはそのとおりではあるものの、現実には上がったり下がったりすると一喜一憂するのは当たり前です。投資で大事なことは、そういう感情の揺れを体験することです。その上で多少の失敗もしないと、なかなかうまくいくことはないでしょう。

だからこそ、まとまったお金で一度に投資をするのではなく、少しずつ積み立てながらやっていく方がいいのです。

## 〝儲ける〟ことよりも〝購買力の維持〟を

退職してから投資をする場合の基本観は、積極的にリスクを取って儲けようとするのではなく、自分のお金の購買力を維持することです。つまり、物価上昇があっても負けないぐらいにお金を増やすことができれば、それで十分です。

年金支給額は、基本、賃金・物価連動ですから、物価が上がっても心配ありません。しかし、**自分が持っているお金は、現金や預金のままでは物価上昇に追いつくことができません。**したがって、少なくとも物価上昇程度の運用成果が出るように考えて投資を続けることが大事です。

本章-1でも述べたように、資本主義は本質的に自己増殖機能を持っています。したがって、世界の株式市場全体に長期で投資を続けていけば、大儲けはできないでしょうが、少なくとも「購買力の維持」はそれほど難しいことではないと思います。

シニアならではの投資の基本観を間違えないようにすることが大事ではないでしょうか。

# おわりに

「はじめに」でも述べたように、50代というのは人生において最も大事であり、かつ非常に面白くなる時期です。

作家の五木寛之氏の著作に『林住期《りんじゅうき》』(幻冬舎文庫)というのがあります。林住期というのは、古代インドにおける考え方です。

人生を25年区切りで4つの時期に分けて、生まれてから25歳までを「学生期《がくしょうき》」と呼びます。これは文字どおり学ぶ時期と言っていいでしょう。26歳から50歳までが「家住期《かじゅうき》」といって、働き始め、家族を持ち、彼らを養って家を支えていく時期となります。そして50歳を超えて75歳までが、本のタイトルである「林住期」です。五木さんはこの「林住期」こそが人生の黄金時代だと言います。75歳を過ぎると「遊行期《ゆぎょうき》」といって、心のおもむくままにのんびりと暮らす時期になりますので、その前の25年間が黄金時代だと言うのです。

ところが多くの人は、25~50歳の家住期こそが働き盛りであり、体力的にも人生の黄金時代と考えているでしょう。

家住期も林住期も、どちらも現代においては、積極的に活動し、働くという点では同じです。本書でも取り上げましたが、60歳の定年を迎えても多くの人は働いています。70歳を超えても働いている人は約30％と言いますから、およそ3人に1人は75歳ぐらいまで働いているのです。

問題はその働き方です。要するに誰のために働くのかが全く異なるのです。

家住期は、誰かのために働いていました。〝会社のため〟、そして〝家族のため〟です。ところが、**林住期は、誰かのためではなく、自分のために働く時期**なのです。

〝働く〟と表現しましたが、もちろんこれは金銭を得るためだけでなく、趣味やボランティアなども含めて広い意味での〝活動〟と言い換えてもいいでしょう。

おおげさな言い方をすれば、50歳からの林住期は自分のための人生と考えるべきです。子供が独立し、パートナーとは互いを尊重できる年齢になってきたからこそ、自分のための人生を考えるべきです。だからこそ、50代は人生の黄金期なのです。

本書はそんな黄金の50代を過ごすために必要となるバックボーンの考え方を、経済的な面を中心にお話ししてきました。でも、目的はお金を増やすことでも儲けることでもありません。**楽しい人生を送る**ことです。

本書がそのためのガイドとしてみなさんにとってお役に立つのであれば、これ以上の喜びはありません。

本書は月刊『THE21』（PHP研究所）2022年12月号〜2023年4月号に掲載された連載記事に大幅に加筆・修正をしたものです。

図版作成——桜井勝志

PHP
Business Shinsho

大江　英樹（おおえ・ひでき）
経済コラムニスト／㈱オフィス・リベルタス代表
1952年、大阪府生まれ。大手証券会社で個人資産運用業務や企業年金制度のコンサルティングなどに従事。定年まで勤務し、2012年に独立後は、「サラリーマンが退職後、幸せな生活を送れるように支援する」という理念のもと、資産運用やライフプランニングに関する講演・研修・執筆活動を行なっている。『定年前、しなくていい5つのこと』『お金の賢い減らし方』（ともに光文社新書）、『知らないと損する年金の真実』（ワニブックスPLUS新書）など、著書多数。

PHPビジネス新書 458

50歳からやってはいけないお金のこと

2023年5月29日　第1版第1刷発行

著　者　大江英樹
発行者　永田貴之
発行所　株式会社ＰＨＰ研究所
東京本部　〒135-8137　江東区豊洲5-6-52
ビジネス・教養出版部　☎03-3520-9619（編集）
普及部　☎03-3520-9630（販売）
京都本部　〒601-8411　京都市南区西九条北ノ内町11
PHP INTERFACE　https://www.php.co.jp/
装幀　齋藤　稔（株式会社ジーラム）
組版　有限会社エヴリ・シンク
印刷所　大日本印刷株式会社
製本所　東京美術紙工協業組合

© Hideki Oe 2023 Printed in Japan
ISBN978-4-569-85478-6
※本書の無断複製（コピー・スキャン・デジタル化等）は著作権法で認められた場合を除き、禁じられています。また、本書を代行業者等に依頼してスキャンやデジタル化することは、いかなる場合でも認められておりません。
※落丁・乱丁本の場合は弊社制作管理部（☎03-3520-9626）へご連絡下さい。送料弊社負担にてお取り替えいたします。

# 「ＰＨＰビジネス新書」発刊にあたって

わからないことがあったら「インターネット」で何でも一発で調べられる時代。本という形でビジネスの知識を提供することに何の意味があるのか……その一つの答えとして「**血の通った実務書**」というコンセプトを提案させていただくのが本シリーズです。

経営知識やスキルといった、誰が語っても同じに思えるものでも、ビジネス界の第一線で活躍する人の語る言葉には、独特の迫力があります。そんな、「**現場を知る人が本音で語る**」知識を、ビジネスのあらゆる分野においてご提供していきたいと思っております。

本シリーズのシンボルマークは、理屈よりも実用性を重んじた古代ローマ人のイメージです。彼らが残した知識のように、本書の内容が永きにわたって皆様のビジネスのお役に立ち続けることを願っております。

二〇〇六年四月

ＰＨＰ研究所